초거대 AI

디지털 플랫폼 레볼루션 2

플랫폼 비즈니스 모델링

플랫폼 비즈니스
모델링

DIGITAL PLATFORM
REVOLUTION

초거대 AI 디지털 플랫폼 레볼루션 2

현영근·이주연 지음

도서출판 새빛
SAEVIT

추천사 1

손웅희 | 한국로봇산업진흥원 원장

1년 동안 출간되는 신간 도서는 6만 5천권에 이른다고 알려져 있다. 모두 자신의 경험과 지식을 전달하기 위한 소중한 작품일 것이다. 하지만, 비즈니스 관련 도서에서 현장에서의 실전경험을 바탕으로 한 논리적 인사이트를 제공하는 도서는 찾기 힘들다. 대부분의 도서가 현장에서의 경험없이, 기존 도서와 여러 이론을 정리했기 때문이다. 본 도서를 접했을 때, 가장 인상 깊었던 것은 바로 경험에서 나오는 플랫폼 비즈니스에 대한 인사이트였다. 플랫폼 비즈니스를 고려하는 독자라면, 특히 B2B 기반의 비즈니스를 생각한다면 분명 큰 도움이 되리라 확신한다.

추천사 2

이영상 | 한국중소벤처디지털혁신협회 회장 / 데이터스트림즈 대표이사

디지털전환시대를 맞아 많은 기업들이 플랫폼 비즈니스를 고려하고 있다. 특히 중소기업과 스타트업 기업들은 너도 나도 할 것없이 플랫폼 비즈니스를 접목하여 끊임없이 새로운 시도를 하고 있다. 하지만, 그들이 갖고 있는 자원의 한계로 인해 해당 아이디어를 보다 구체화하여 정립하는데, 그리고 실제 비즈니스에 적용하는데 많은 어려움을 갖고 있는 것이 현실이다. 본 도서에서 제시하고 있는 '플랫폼 비즈니스 모델 캔버스는 그러한 고민에 매우 구체적인 방법론을 제시하고 있다. 9가지 영역을 단지 따라가기만 하더라도 내가무엇을 해야하고 어떤 점이 부족한지를 빠른 시간에 확인할 수 있다는 것이 가장 큰 장점이라고 생각한다. 특히, 스타트업아이디어가 바로 비즈니스 모델로 반영되길 바란다면 이 책은 좋은 가이드가 될 것이다.

추천사 3

김기문 | 중소기업중앙회 회장

기업은 항상 새로운 비즈니스 모델을 개발하기 위해 전략을 수립하고 다양한 경영활동을 한다. 기업인들은 경영효율을 높이기 위해 끊임없는 혁신활동을 하고 있으며, 특히 최근 AI와 빅데이터를 활용한 여러 플랫폼의 등장으로 이를 기반으로 하는 비즈니스 모델을 개발하고자 많은 노력을 기울인다. 본 도서는 그러한 고민을 하는 현장의 많은 경영인들과 전략가들에게 한줄기 희망을 줄 수 있을 것이다. 현장에서 직접 몸으로 터득한 플랫폼 비즈니스에 대한 인사이트를 얻고 싶다면 당장 본 도서를 펼쳐보기를 적극적으로 권장한다.

프롤로그

플랫폼 기반 비즈니스 모델 개발

우리는 플랫폼 시대에 살고 있다. 출근하기 전에 네이버로 날씨를 검색하고, 카카오톡을 통해 친구와 연락을 한다. 점심시간에는 배달의민족을 통해 음식을 배달 주문하고, 저녁에는 지인의 인스타그램을 확인하며 맛집을 찾아본다. 집에 돌아와서는 마켓컬리 또는 쿠팡 로켓프레시로 장을 본다. 이제 우리는 이러한 앱App 들을 플랫폼이라고 인식하지 않고, 단지 우리 삶의 일부분이라 여기며 그 안에서 생활을 하고 있는 것이다.

비즈니스 측면에서 보면 플랫폼이라는 녀석은 매우 특이한 비즈니스 모델이라고 할 수 있다. 우리에게 이미 익숙한 기존 파이프라인Pipeline 기업 혹은 선형Linear 기업이라고 불리는 기업들은, 소비자가 원할 것으로 "예상"되는 상품을 고안하고 디자인하며 대량생산을 위해 설비를 갖춘다. 그 과정에서 가치사슬Value Chain를 중심으로 원가를 최대한 낮추기 위해 설비를 자동화하고, 외부로부터 부품을 받아 생산공정을 확정한다. 그리고 자신들의 상품이 최고의 품질을 갖춘 상품이라고 광고와 다양한 마케팅을 통해 고객에게 일방적으로 구매하도록 "강요"한다. 하지만 플랫폼 비즈니스는 직접적으로 상품을 생산하지 않는다. 단지 생산자와 소비자를 중개만 해줌으로써 가치를 만들어 내고, 나아가 그동안 없었던 새로운 시장을 만들어 낸다는 점에서 기존 비즈니스 방식과 명확한 차이가 있다. 또한 기존 비즈니스에서는 상품을 생산하는 생산자와 이를 소비하는 소비자로 명확히 구분되었지만, 플랫폼 비즈니스에서는 생산자와 소비자가 명확히 구분되지 않을 뿐만 아니라 생산자와 소비자의 역할을 동시에 수행하는 상황이 되었다. 이렇게 변화한 가장 큰 이유는 기본적으로 거래되는 가치가 기존 파이프라인 비즈니스에서는 '물리적인' 상품이었던 것에 반해, 플랫폼 비즈니스에서는 양면시장(생산자 집단과 소비자 집단)의 네트워크를 통해 데이터라는 '논리적인' 상품을 생산자와 소비자에게 중개하기 때문이다.

본 도서에서는 이러한 특징을 보이는 플랫폼 비즈니스에 대해 고민해보는 내용을 담고 있다. 우선 플랫폼에 대한 전반적인 이해와 함께 플랫폼 비즈니스에는 어떠한 유형이 있는지, 그리고 각 유형별로 특징과 사례를 살펴보았다. 또한 이러한 플랫폼 비즈니스가 왜 성공을 할 수 있었는지에 대해 네트워크 관점에서 보다 상세히 설명하였다.

무엇보다 필자가 본 도서를 통해 여러 독자들에게 전달하고 하고 싶은 가장 핵심적인 부분은, 다른 도서에서는 찾아볼 수 없었던 '플랫폼을 어떻게 만들고 운영해야 하는가'에 대해 그 방법론을 제시하는 것이다. 단지 문서상의 논리적 방법론이 아닌, 현장에서 직접 경험한 플랫폼 비즈니스의 인사이트Insight를 제공하는 것이다. 특히, 많은 사람들이 이미 경험했던 B2CBusiness to Customer 기반의 플랫폼 비즈니스가 아닌, 기업 간 거래인 B2BBusiness to Business를 바탕으로 하는 플랫폼 비즈니스 모델을 만들고 진행하는 데 있어서, 어떻게 접근해야 하는지 그 기준을 제시하고자 하였다.

그러한 기준은 기본적으로 알렉스 오스터왈더Alex Osterwalder가 제안했던 '비즈니스 모델 캔버스BMC: Business Model Canvas'를 기반으로, 필자가 현장에서 직접 경험했던 플랫폼 비즈니스의 특성을 반영한 '플랫폼 비즈니스 모델 캔버스PBMC: Platform Business Model Canvas'를 중심으로 설명하였다. 기본적인 컨셉은 비즈니스 모델 캔버스의 왼쪽은 '조직 효율성 관점'에서, 그리고 오른쪽에는 '고객 가치 관점'에서 비즈니스의 아이디어를 만들어가는 것이 핵심이다. 참고로 좌측의 '조직 효율성 관점'에서는 고객에게 가치를 제공하는 데 있어서 어떤 파트너와 어떠한 활동을 할 것인지, 그리고 어떤 자원으로 얼마만큼의 비용을 투입할지 고민하는 영역이다. 반대로 우측의 '고객 가치 관점'에서는 고객에게 가치를 제공하기 위해, 고객을 세그먼트로 구분하고 어떠한 과정을 거쳐 고객에게 제공할 것인지를 고민하는 영역이다. 도식화한 그림은 다음과 같다.

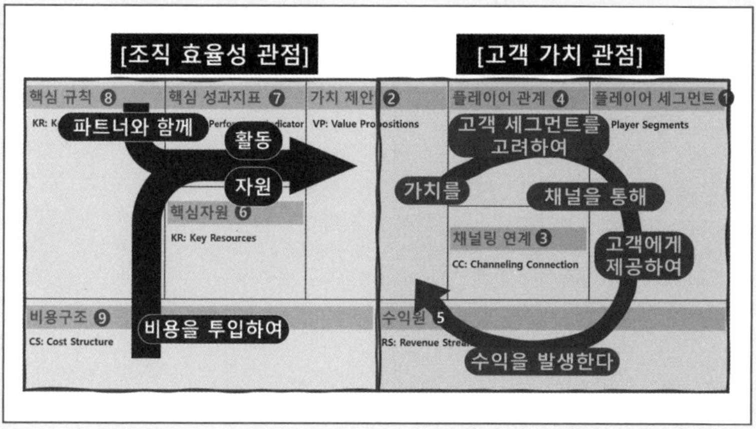

이러한 모델 캔버스는 플랫폼을 기반으로 비즈니스 모델을 개발하고자 하는 독자들로 하여금 머릿속에 막연하게 존재하는 플랫폼 비즈니스에 대한 아이디어를 보다 구체적이고 명확화하는데 큰 도움이 되리라 확신한다. 단지 모델 캔버스에서 제시하는 9가지 영역에 대해 그 컨셉을 간단하게 적는 것만으로도 내 스스로가 앞으로 무엇을 더 준비해야 하고, 또 어느 영역에 대해 보완이 필요한지를 빠른 시간에 정리한 있다는 것이 가장 큰 장점이라고 할 수 있다.

CONTENTS

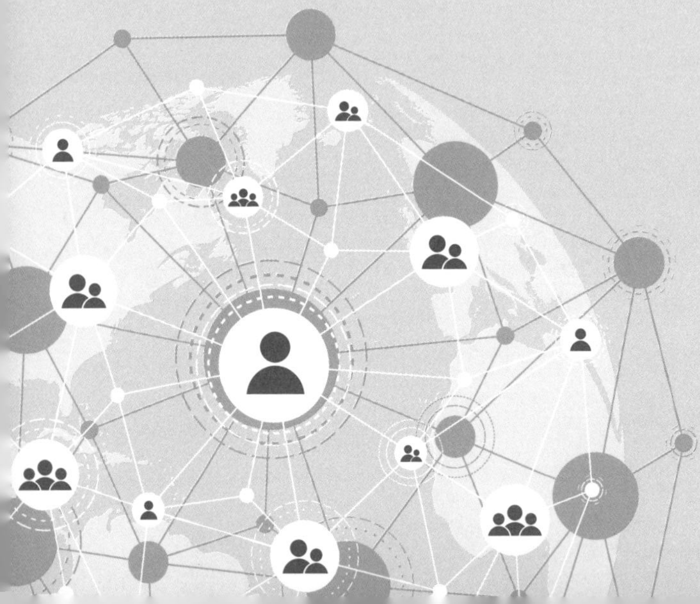

II.

플랫폼 비즈니스 모델 디자인

III.

플랫폼 비즈니스 성공을 위한 고찰

I.

플랫폼 비즈니스란 무엇인가?

Chapter 1

플랫폼 비즈니스의 이해

플랫폼 비즈니스란 무엇인가?

우리는 플랫폼 비즈니스 시대에 살고 있다. 원하든 원하지 않든 그리고 인지하든 하지 않든 간에 우리는 그 속에서 살고 있다. 어쩌면 우리 생활에서 당연하게 여겨지는 많은 것들이 모두 플랫폼이라고 해도 과언이 아닌 시대에 있다는 것이다. 이렇게 플랫폼이 우리 생활에 깊게 들어온 가장 큰 이유는 이전과는 다르게 플랫폼이 서로를 연계해주는 역할을 훌륭히 해주기 때문이다. 먼 거리에 있는 친구와 연결해주기도 하고 직접 만나기 어려운 상품을 손쉽게 구매할 수도 있다. 과거에는 상상도 할 수 없는 일들을 플랫폼을 통해 너무나 손쉽게 해결할 수 있는 것이다.

이러한 플랫폼 비즈니스가 전통적 기업의 비즈니스와 가장 차이나는 점은 직접 제품 혹은 서비스를 생산하기보다는 제품 혹은 서비스를 생산하는 기업과 이를 소비하는 고객을 중개해주는 역할을 한다는 것이다. 이러한 것을 "양면시장에서의 네트워크 구성을 통해 가치를 실현한다"라고 표현한다. 참고로, 양면시장이란 플랫폼 비즈니스의 기본 개념으로 두 시장(생산자 집단과 소비자 집단)을 하나로 묶어 고려하자는 의미이다. 어쨌든, 기존 비즈니스에서의 경쟁구도는 좋은 제품을 낮은 가격으로 생산하여 고객에게 홍보를 통해 판매하는 방식이라면, 플랫폼 비즈니스는 "데이터"라는 상품을 생산자와 소비자 간 실제 거래가 발생할 수 있도록 중개하여 가치를 만드는 비즈니스 모델이라는 점에서 큰 차이점이 있다. 핵심은 바로 "생산성과 품질" 그리고 "데이터"인 것이다. 현재 플랫폼을 기반으로 한 비즈니스가 높게 평가를 받는다는 것은 곧 기업의 경쟁력과 경쟁방식이 "생산성과 품질"에서 "데이터"로 변화하고 있다는 것을 의미하며, 이렇게 변화하는 비즈니스 환경에서 살아남으려면 기존 사업에 대한 경쟁력뿐만 아니라 신뢰할 만한 중재자 역할에 대해 고려해야만 한다는 것이다.

그렇다면, 플랫폼 비즈니스라는 것은 기존에 없었던 전혀 새로운 개념의 비즈니스일까? 결론부터 말하자면 "아니요"이다. 플랫폼을 단순하게 설명하면 "거래 당사자 간 거래를 할 수 있도록 중개해주는 것"이라고 할 수 있다. 이런 관점에서 봤을 때, 우리가 플랫폼 비즈니스를 생활속에서 인식을 못했을 뿐이지 사실 이미 우리 생활에 깊숙하게 뿌리내리고 있는 개념이라고 할 수 있다. 가장 가깝게 느껴질 수 있는 대표적인 사례가 전통시장일 것이다. 전통시장은 판매자와 소비자가 만나 거래가 일어날 수 있도록 공간을 제공해준다. 판매자는 물건을 판매함으로써 '돈'이라는 가치를 발생시키고, 소비자는 '상품'이라는 가치를 획득하게 된다. 양 당사자가 스스로 원하는 가치를 얻기 위해서 전통시장이라는 물리적 공간에서 만나는 것이다. 또 다른 대표적인 예로는 부동산 중개업이 될 수 있다. 부동산 중개업자는 부동산 소유자로부터 집 매매를 의뢰받고, 집을 원하는 소비자가 찾아오면 소개를 시켜주어 매매가 발생할 수 있도록 중개 역할을 한다. 부동산 중개업자는 부동산을 직접 소유하고 있지는 않지만, 거래가 이루어질 수 있도록 중개역할을 수행한다. 이러한 부동산 비즈니스는 어떻게 보면 우리가 아주 잘 알고 있는 우버와 유사하다. 우버가 직접 차량을 소유하고 있지 않으면서 차량서비스를 제공하는 것처럼, 부동산 중개업자는 부동산을 소유하고 있지 않으면서 부동산 매매 서비스를 제공해 주기 때문이다. 다만 차이가 있다면 그 거래가 물리적 공간에서 이루어지는가, 아니면 디지털 공간에서 이루어지는가가 다른 점이다. 앞에서 언급한 바로 디지털 기술이 시대를 변화시키고 있다는 대표적인 사례라고 할 수 있다.

전통적 기업과 플랫폼 기업의 이해

산업구조는 지속적으로 발전하고 있다. 인간의 원초적 노동력에 집중했던 농업, 축산업, 어업 중심에서, 18세기 영국에서 시작된 산업혁명을 거치면서 인간의 노동력보다는 증기기관의 동력원을 활용하여 대량생산 체계를 이루었다. 이것은 조그마한 작업장을 큰 공장 체계로 전환시켰고, 이러한 큰 조직을 운영하기 위해 점차 생산성, 가격구조, 유통 등에 대해 고민하기 시작하였다. 하지만 이러한 동력원을 통한 산업의 단점은 중앙 동력장치에 모든 기계가 연결되어 작업해야 한다는 물리적 장소의 제약이 있었다. 19세기 말에 접어들면서 산업계에는 '전기'라는 것이 보급되면서 또 한 번 큰 변화를 맞게 되었다. 1920년대에 이르러 전기모터와 같은 전기 기기가 공장에 적용되면서 기존 증기 기반의 동력원을 활발하게 대체하게 되었고, 제품을 생산하는 공정 또한 작업장 안에 순서대로 배치하는 등의 기존 물리적 제약을 한 번에 해결하게 되었다. 그럼 지금은 어떠한 시대일까? 지금은 바로 디지털 중심의 시대라고 할 수 있으며, 이것은 기존 산업구조의 한계를 무너뜨리고 새로운 시대를 열어주고 있다. 증기동력이 인간 중심의 노동력 시대를 바꾸었던 것처럼, 그리고 전기가 증기동력의 시대를 바꾸었던 것처럼 말이다.

그럼, 디지털 기술은 지금 시대의 기존 기업전략에 어떠한 영향을 미쳤을까? 그것은 바로 기업이 고객과 연결하여 가치를 만들어 내는 방식을 바꾸었다. 즉, 돈을 버는 방식이 바뀌었다는 것이다. 기존에는 기업이 상품과 서비스를 만들어 고객에게 제공하는 방식이 한 방향으로만 흘러갔다. 하지만 오늘날의 기업과 고객은 서로가 상호작용을 하는 양방향으로 되었다. 기존에는 기업의 상품을 고객에게 알리기 위해 많은 비용을 들여서 유명 연예인을 활용하여 광고를 하였지만, 지금은 해당 기업의 제품을 구매한 고객이 실시간으로 제품에 대한 평을 쓰고, 다른 고객은 그러한 평을 바탕으로 제품의 품질을 예측하게 되었다. 이러한 고객평은 네트워크를 통해 상상할 수 없는 속도로 퍼져 나간다. 결국 디지털 기술은 고객과의 가치창출 방식에 있어서 큰 변화를 가져왔을 뿐만 아니라 경쟁사의 개념 또한 바꾸었다.

살펴본 바와 같이 산업구조와 비즈니스 트렌드는 숨 막힐 정도로 빠른 속도로 변화하고 있다. 이것을 다르게 표현하자면, 지금 시대의 산업구조에서 살아남으려면 현재의 시대가 요구하는 비즈니스 구조에 맞게 변화하고 적응해야 한다는 것을 의미할 수 있다. 오해하지 말하야 할 것은, 기존 사업을 버리고 새로운 비즈니스를 찾으라는 것이 아니다. 잘해오던 비즈니스를 더욱 잘하기 위해 디지털 기술을 적극적으로 도입하고 기존 비즈니스에 혁신을 이루자는 의미이다. 현실에 안주하여 혁신을 이루지 않는다면, 결국은 시장에서 도태되기 때문이다. 증기 기반의 동력원에서 전기 기반의 동력원으로 전환하지 않았던 기업이 그랬던 것처럼 말이다.

플랫폼으로 인한 기존 비즈니스의 패러다임 변화

우리가 이미 잘 알고 있는 기존 비즈니스 환경에서는 가치창출이 단계적으로 발생하며, 한쪽 끝인 생산자에서 반대편 끝인 소비자의 한 방향으로 이동하게 된다. 회사는 소비자가 원할 것으로 '예상'되는 제품을 고안하고 디자인하며 대량 생산을 위해 설비를 갖춘다. 그 과정에서 원가를 최대한 낮추기 위해 설비를 자동화하고, 외부로부터 공급받는 부품의 품질과 단가를 고려하며 생산공정을 확정한 후 최종 소비자에게 광고를 통해 판매한다. 이러한 방식이 바로 파이프라인 비즈니스Pipeline Business, 즉 선형적 가치사슬Linear Value Chain이다. 하지만, 디지털 플랫폼 환경에서는 앞서 언급한 바와 같이 상품을 생산하는 것이 아닌, 단지 생산자와 소비자를 중개해줌으로써 돈을 번다. 또한 기존에는 생산자와 소비자가 명확히 구분이 되었지만 디지털 플랫폼 비즈니스에서는 생산자와 소비자 역할을 동시에 수행하는 기업이 나타나기 시작하였다. 비즈니스의 가치를 만들어내는 과정과 방식에 있어서 기존의 비즈니스와는 다르게 매우 복잡하게 되었다. 이러한 새로운 유형의 비즈니스는 모든 산업분야에 영향을 미치고 또다른 변화의 계기가 되었다. 이와 관련하여, 마셜 밴 앨스타인Marshall W. Van Alstyne, 상지트 폴 초더리Sangeet Paul Choudary, 제프리 파커Geoffrey G. Parker가 공동 집필한 '플랫폼 레볼루션Platform Revolution'에서는 새로운 플랫폼 비즈니스가 기존 파이프라인Pipeline 기업, 즉 기존 비즈니스 환경을 3가지 측면에서 큰 변화를 주고 있다고 설명하고 있다.

먼저, 플랫폼 비즈니스를 통해 불필요한 게이트키퍼Gate Keeper 역할이 사라지고 있다고 말한다. 참고로, 게이트키퍼는 고객을 만족시킬 수 있는 제품을 기획하고 선별하여 출시하는 역할을 담당한다. 출판산업의 경우를 예를 들어보자. 기존 파이프라인 비즈니스Pipeline Business에서 게이트키퍼는 편집자에 해당하는데, 편집자는 자신의 책상 위에 놓여진 수많은 원고 중 시장에서 인기를 끌 것으로 예상되는 몇 권을 선별하여 출판을 한 후 자신의 선택이 옳았음을 확인하기 위해 마케팅을 진행하며 노심초사 시장의 반응을 살핀다. 하지만 플랫폼 비즈니스에서는 그럴 필요가 없다. 아마존의 킨들Kindle만 있으면 누구나 책을 출간할 수 있고, 실시간으로 소비자의 피드백을 확인할 수 있다. 국내 웹툰도 동일하다. 편집자가 어느 만화가 더 인기 있을지를 고민할 필요가 없이 그냥 시장에 내놓으면 자연적으로 평가를 받고 사라질 웹툰은 사라지고, 살아남을 웹툰은 살아남는다. 누구도 인위적으로 조정하지 않아도 스스로의 생태계가 돌아가는 것이다. 이와 같이 플랫폼 비즈니스에서는 불필요한 역할과 과정이 생략되면서, 기업은 보다 효율적으로 조직을 관리할 수 있게 되었고 소비자는 더 자유롭게 자신들이 원하는 것을 선택할 수 있게 되었다.

두 번째로 공급자가 바뀌고 있다고 말한다. 전통적인 산업에서는 제품을 판매하는 기업이 곧 공급자였다. 호텔 기업들은 고객이 찾아올 만한 곳에 토지를 매입하고 호텔을 건설한다. 고급스럽게 보이도록 인테리어를 하고 이를 관리하기 위한 다양한 관리시스템을 도입하여 고객에게 서비스를 제공한다. 하지만, 에어비앤비는 자신이 직접 보유한 부동산은 하나도 없이 숙박업을 한다. 호텔과 같은 숙박업소뿐만 아니라 일반인도 자신의 집을 모르는 사람들에게 제공할 수 있도록 환경을 만들어 주었다. 빈 공간을 보유한 기업 또는 개인과 숙소가 필요한 사람들을 중개해주고 9~15%의 수수료를 받는 것이다. 릴레이라이즈RelayRides는 공항을 이용하는 여행객이 세워 둔 자동차를 해당 공항에 도착한 다른 여행객에게 빌려주는 플랫폼을 운영한다. 도착한 여행객은 렌터카를 빌릴 필요 없이 다른 사람의 차량을 상대적으로 저렴하고 편하게 이용할 수 있다. 차량을 맡기고 떠난 여행자도 자신의 차량을 공항에 주차함으로써 발생하는 주차비도 지불할 필요가 없을 뿐만 아니라, 차량을 대여해줌으로써 추가적인 수익을 기대할 수 있다. 유튜브에서는 어떠한가? 기존에는 방송 컨텐츠를 제작하기 위해서는 전문적인 방송기기를 갖춘 방송국만이 가능하였다. 하지만, 지금은 자신의 방에서 간단한 영상촬영 장비만 갖추고 유튜브에서 제공하는 방송편집 도구Tool을 활용하여 개인방송을 하고 있다. 에어비앤비, 릴레이라이즈 그리고 유튜브와 같이 플랫폼 비즈니스 환경에서는 공급자의 성격 자체가 달라지고 있으며, 누구나 제품이나 서비스를 공급할 수 있게 됨으로써 기존 비즈니스 환경을 파괴하고 있는 것이다.

마지막으로 품질관리 방식의 변화와 함께 기업활동의 초점이 이동하고 있다고 말한다. 앞에서 아마존의 킨들Kindle 그리고 웹툰의 예에서 제품의 평가가 어떻게 이루어지는지 간단하게 살펴보았는데, 이렇게 고객이 직접 평가하는 방식을 피드백 고리Feedback Loop라고 한다. 어쨌든 디지털 플랫폼에서 판매되는 제품과 서비스의 품질관리는 킨들 및 웹툰과 동일한 방식으로 이루어지는 것이 매우 일반적이다. 전통적인 비즈니스 환경에서는 별도의 관리자가 통제 메커니즘을 통해 관리함으로써 비효율적이고 비용이 많이 발생하는 구조인 반면에, 플랫폼 비즈니스에서는 자생적이고 효율적인 품질관리가 이루어지는 것이다. 따라서 기업활동의 초점도 내부활동에서 외부활동 중심으로 점차 옮겨지고 있다. 이것을 마케팅 측면에서 보면 브로드캐스트Broadcast에서 소셜 인플루언스Social Influence로, 푸시Push에서 풀Pull로 그리고 아웃바운드Outbound에서 인바운드Inbound로 옮겨지고 있는 것이다. 또한 기업을 운영하는 정보시스템 측면에서 보면, 백오피스Back-Office인 ERPEnterprise Resource Planning시스템에서 프런트오피스Front-Office인 CRMCustomer

Relationship Management 시스템으로 그 중심이 전환되고 있다.

플랫폼 비즈니스의 정의

플랫폼 비즈니스에 대한 정의는 전문가별로 다소 상이하게 표현하고 있다. 가장 단순한 정의는 "생산자와 소비자를 연결하는 사업모델" 정도로 언급되곤 한다. 필자의 경험으로 비추어 봤을 때 가장 명확하게 정의한 것은 안드레이 하기우Andrei Hagiu와 줄리안 라이트Julian Wright가 표현한 것으로, "플랫폼은 '둘 또는 그 이상의 소비자' 사이에서 이뤄지는 '상호작용'을 '중재'함으로써 '가치'를 만드는 사업이다"라고 생각한다.

이러한 정의에서 핵심 키워드Keyword에 해당하는 단어들의 의미를 살펴보면, 먼저 '둘 또는 그 이상의 소비자'란 앞에서 언급한 양면시장에서의 고객집단을 말하며, 플랫폼 위에서 활동하는 주체를 의미한다. 이러한 고객집단은 당연히 여러 명이 존재하며, 그 유형도 몇 개의 유형으로 구분될 수 있다.

'상호작용'이란 각 집단에서의 활동 그 자체를 의미하며, 기본적으로 독립성이 보장된 활동을 하지만 그러한 활동이 동일한 집단 내의 다른 사용자 혹은 다른 집단 내의 또다른 사용자와 연결되는 것을 말한다. 예를 들어 페이스북이라면 생산자는 글 또는 사진을 올리고, 소비자는 그 글과 사진을 읽은 후 '좋아요' 또는 댓글을 남긴다. 아마존과 같은 쇼핑몰이라면 생산자는 상품을 올리고, 소비자는 그것을 구매하는 활동을 한다. 나아가 해당 상품의 상품평을 등록함으로써 동일한 집단 내 다른 사용자의 행동에 영향을 미친다. 이러한 모든 활동들이 상호작용이라고 할 수 있다.

'중재'는 생산자 집단과 소비자 집단을 연결시키는 것을 의미하는데, 이러한 표면적 의미 외에도 보다 건전한 연결을 위해 필요한 규칙Rule을 정의하는 것 또한 포함된 의미라고 볼 수 있다. 예를 들어 페이스북에서 불건전한 컨텐츠Contents를 등록 시 삭제를 하거나, 아마존에서 불공정한 거래를 할 경우 계정을 삭제하는 기준 등을 말하는데, 이것은 건전한 상호작용을 더욱 원활하게 해주는 역할을 한다.

마지막으로 '가치'는 각 집단이 상호작용을 통해 얻게 되는 이익을 의미한다. 아마존에서의 생산자라면 상품을 팔아 돈을 버는 것이고, 소비자라면 원하는 상품을 얻는 것이다. 페이스북의 경우라면 컨텐츠를 생산하는 사람은 자신의 글을 통해 다른 사람들에게 관심을 받는다는 가치를 얻는 것이고, 컨텐츠를 읽는 소비자는 컨텐츠 생산자의 정보를 읽음으로써 정보획득에 대한 가치를 얻는 것이다.

살펴본 바와 같이, 안드레이 하기우Andrei Hagiu와 줄리안 라이트Julian Wright가 플랫폼에 대한 개념을 보다 명확하게 정의하였다고 할 수 있다. 다만, 해당 내용은 우리에게 익숙한 B2CBusiness to Customer에 집중된 내용이라는 단점이 있다. 본 도서는 기본적으로 B2C뿐만 아니라 B2BBusiness to Business 기반의 플랫폼 비즈니스 모델을 어떻게 만들 것인가를 고민하는 도서이므로, B2C와 B2B를 아우르는 플랫폼의 정의가 필요하다고 생각한다. 참고로 B2C는 일반 소비자를 대상으로, B2B는 기업을 대상으로 비즈니스를 진행하는 것으로, 예를 들어 건설의 경우라면 아파트를 짓는 건설사는 B2C 사업을 하는 것이고, 건설사에 건설 자재를 납품하는 기업은 B2B 사업을 하는 것이다. 또 다른 예로, 쿠팡, 아마존, 에어비앤비, 삼성전자 등이 B2C에, 하이닉스, 삼성 디스플레이 등은 B2B 기업에 해당된다.

필자는 이러한 두 가지 유형의 비즈니스를 포괄한 의미로 플랫폼을 다음과 같이 정의하고자 한다.

플랫폼 비즈니스 정의

> **"플랫폼 비즈니스는 생태계ecosystem를 기반으로**
> **통제된 개방성에서 상호작용을 통해 가치를 만드는 사업"**

앞서 정의한 것과 비교하여 조금은 어렵게 들릴 수 있지만 전반적인 개념에서는 크게 차이가 없다고 생각한다. 가장 큰 차이점이라면 "생태계"와 "통제된 개방성"이라는 개념을 추가한 것이다.

기존 사업형태를 의미하는 파이프라인 비즈니스Pipeline Business에서는 생산자와 소비자가 명확히 구분되었다. 제품 혹은 서비스를 생산하는 집단은 좋은 품질의 제품을 낮은 가격에 생산하기 위해 노력하고, 소비자는 가성비가 좋은 제품을 구매하는 구조였다. 하지만, 플랫폼 비즈니스에서는 그 구분이 매우 모호해졌다. 예를 들어 페이스북에서의 생산자는 글 혹은 사진을 올리는 사용자이고, 소비자는 그 글 혹은 사진을 보는 사용자이다. 근데 이 소비자가 해당 컨텐츠에 댓글을 남기거나 '좋아요'를 누르는 순간, 그 소비자는 또다른 컨텐츠의 만들어내는 생산자가 된다. 왜냐하면 최초 컨텐츠에 또 다른 댓글, 또는 '좋아요'에 또다른 표현을 하기 때문이다. 이러한 현상은 B2B 플랫폼 비즈니스 시장에서도 유사하게 발생한다. 자사의 제품이 최종 고객End User에게만 가는 것이 아니라, 다른 기업의 상품과 결합하여 새로운 상품(eco상품)을 개발하는데 있어서 하나의 소재가 될 수 있기 때문이다. 따라서 이러한 개인간 그리고 기업간 상호작용이 단지 상품 혹은 컨텐츠가 오고 가는 것만이 아닌, 서로 간 결합을 통해 하나의 공통체를 만들어 가는 것이 매우 중요하며, 이러한 이유 때문에 "생태계"라는 단어를 추가하였다.

또 다른 차이점인 "통제된 개방성"은 특히 B2B 플랫폼 비즈니스에서 매우 중요한 개념으로, 일정한 규칙Rule을 기반으로 자신의 비즈니스 모델을 개방하여 사업 자체를 활성화시키는 것을 말한다. 사실, 생각해보면 하나의 기업이 새로운 제품을 개발하고 생산하는 데 있어서, 처음부터 끝까지 혼자 모든 과정을 해결하는 것은 불가능하다. 특히 디지털 시대에서는 경쟁사와 협력사의 관계가 모호하기 때문에, 여러 기업들과의 개방된 결합을 통해 시장의 파이Pie를 키우는 것이 오히려 성공의 확률을 높일 수 있다. 다만, 이러한 개방성에도 일정한 통제가 필요하다. 예를 들어 제품의 소스코드Source Code를 공개하고 이를 활용하여 영업활동을 한 경우, 법적 권한과 책임의 정의가 매우 중요할 텐데, 이러한 기준들을 통칭하여 "통제된 개방성"이라고 할 수 있다.

필자가 정의한 플랫폼 비즈니스의 핵심개념에 대해서는 본 도서 전반적으로 설명할 예정이다.

경제학적 측면에서의 플랫폼 비즈니스

플랫폼 비즈니스를 이야기할 때 항상 언급되는 단어 중 하나가 바로 '거래비용'Transaction Cost이다. 거래비용이란 실제 거래가 일어나는데 발생되는 모든 비용(시간, 자원, 인력 등)을 의미하며, 상품의 가격뿐만 아니라 상품기획을 위한 정보수집, 업체와의 협상 등의 모든 비용을 포함한다. 이러한 개념은 영국의 경제학자인 로날드 코우즈Ronald H. Coase의 코우즈의 법칙Coase theorem에서 처음 사용하였으며, 기업조직이 외적 시장에서의 거래와 내적 거래의 효용성을 비교할 때 사용되는 개념이라고 할 수 있다. 이것을 시장에서의 가격결정 과정에서 생각해보자. 시장에 나오는 모든 상품은 기업이 자원을 어떻게 활용하여 시장에 조달하였는지에 따라 조절이 되는 것이지, 시장이 어떻게 작동했는지에 따라 조절되는 것이 아니며, 결국 상품의 가격은 기업이 얼마나 일을 잘 수행하였는가를 바탕으로 그 가격이 결정된다. 자신의 내부 자원을 최대한 활용하되 바깥 자원을 활용하는 것이 더 효율적인지를 판단하며 거래비용을 최소화한다는 것이다. 코우즈의 법칙을 명확히 이해하기 위해서는 시대적 배경에 대한 설명이 필요해 보인다. 경제를 조직화하는 방식에는 기본적으로 중앙집중화(사회주의의 계획경제 개념) 그리고 탈중심주의(자본주의의 시장경제 개념)으로 구분된다. 중앙집중화는 중앙의 관리자가 완벽하고 다양한 정보를 활용하여 시장의 모든 자원을 분배하고 조정한다면, 보다 효율적으로 시장을 관리할 수 있다는 개념이다. 반면에 탈중심주의는 시장에서 완벽한 정보란 존재하지 않고 매우 파편화되어 있으며, 그에 따라 경제주체(개인 또는 기업)가 자신의 정보를 종합하여 '가격'이라는 형태로 시장이 운영된다는 개념이다. 로날드 코우즈는 이 '가격'이 결정되는데 기반이 되는 것이 바로 '거래비용'이며, 각 기업별 정보의 편중에 따른 거래비용의 차이가 가격에 반영된다는 개념이다. 이러한 개념을 바탕으로 거래비용경제학TCE : Transaction Cost Economics이 등장하였고 이는 신제도적경제학NIE : New Institutional Economics의 한 분류로서 이론적 핵심 내용이다.

플랫폼 비즈니스에 대해 설명하면서 경제학적 측면을 상세히 설명한 이유는 바로 플랫폼 비즈니스가 거래비용이 발생하는 구조 자체를 바꾸었기 때문이다. 기존 전통적인 사업방식과 달리 플랫폼 비즈니스에서는 인터넷을 활용하여, 구매자는 다양한 제품의 정보를 클릭 몇 번 만으로 손쉽게 확인할 수 있고, 판매자는 수많은 구매자를 대규모의 마케팅 없이도 빠르고 간편하게 만날 수 있게 만들었다. 하나의 상품을 만드는 기업이 이제는 자신이 직접 마케팅을 하고 광고를 위해 큰 비용을 지출하지 않아도 된다. 오픈마켓에 올리고 댓글관리를 잘하며 빠르게 배송만 하면 된다. 이것이 의미하는 것은 플랫폼 비즈니스가 기존 파이프라인 비즈니스와 비교하여 거래비용은 낮아지고 그에 따라 상품의 가격도 떨어진다는 것이다. 이러한 금전적 이익을 얻은 소비자는 또다시 오픈마켓을 통해 구매를 함으로써 플랫폼 비즈니스가 기하급수적으로 확장되는 기반을 만들어 준다.

플랫폼 비즈니스의 유형 및 사례

플랫폼 비즈니스의 종류는 거래단위, 네트워크 방식, 활용목적 등을 고려하여 구분을 하며, 실제 그 유형은 전문가마다 다소 상이하게 정의한다. 필자의 경우에는 양면시장에서의 활동주체와 그들 간의 상호작용을 통해 발생되는 가치를 기준으로 구분하였다.

플랫폼 비즈니스의 4가지 유형

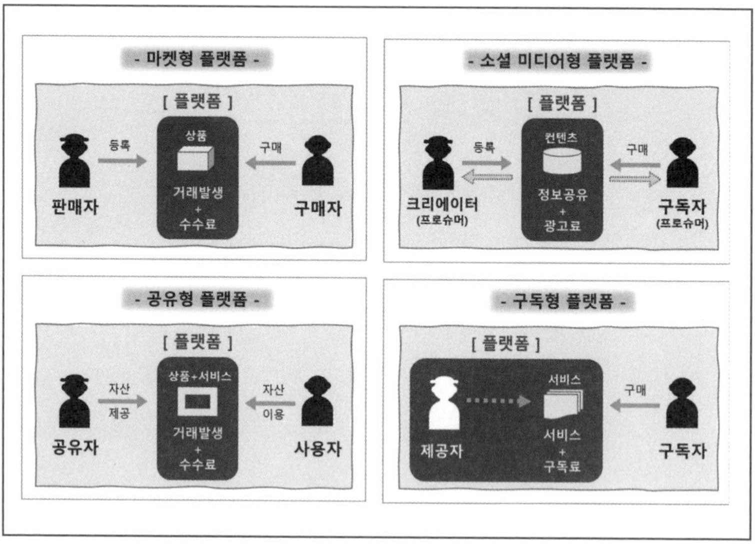

1) 마켓형 플랫폼 비즈니스

마켓형 플랫폼 비즈니스는 상품의 판매자와 구매자 간 중개를 통해 거래가 발생하는 플랫폼을 의미한다. 우리에게 가장 익숙한 플랫폼 비즈니스라고 할 수 있으며, 판매자와 구매자 간 거래를 통해 가치를 창출하는 것이 핵심이다. 따라서 마켓형 플랫폼에서는 소비자가 원하는 상품을 수많은 상품 중 빠르게 찾아주어 중개해 주는 것이 가장 중요하다. 빠르고 쉽게 찾지 못한다면, 고객은 원하는 상품이 없다고 판단하고 플랫폼에 다시는 참여하지 않기 때문이다.

플랫폼에서의 활동주체는 판매자와 구매자가 있으며, 플랫폼은

이 두 활동주체 간 거래가 발생할 수 있도록 논리적인 공간을 제공해준다. 대표적인 사례는 쿠팡, 아마존, 이베이, 롯데온, 홈쇼핑, 앱스토어, 클라우드 서비스 등 너무나 많고, 이제는 우리 생활의 일부분이 되어서 굳이 설명이 필요 없을 정도이다. 이러한 유형의 비즈니스 경우 플랫폼 사업자의 수익구조는 바로 '수수료'이다. 물론 광고료도 발생할 수 있으나, 기본적인 수익구조는 수수료라고 할 수 있다. 수수료는 상품을 판매하는 판매자와 상품을 구매하는 구매자 양쪽 모두에게 부과할 수 있다. 수수료는 일반적으로 홈쇼핑이 30%, 오프마켓이 10~15% 정도인 것으로 알려져 있다. 배달의민족의 경우 사업 초기에 플랫폼의 안착을 위해 수수료를 받지 않았지만 울트라콜이라는 8만원짜리 광고상품(검색 시 상단에 배치)을 판매하였고, 최근 시장 지배사업자가 되면서 중개수수료 1,000원, 배달료 5,000원에서 기본형, 배달비 절약형 그리고 통합형으로 구분하여 수수료를 부과하고 있다. 참고로 수수료에 대한 정책과 부과금액은 경제상황과 사회적 트렌드에 따라 상이함으로 참고용으로만 이해하기 바란다.

2) 소셜 미디어형 플랫폼 비즈니스

두 번째 유형은 우리가 흔히 SNS[Social Networking Service]이라고 말하는 소셜 미디어형 플랫폼 비즈니스이다. 앞서 언급한 마켓형 플랫폼에서는 '상품의 거래'를 목적으로 한다면, 소셜 미디어형 플랫폼에서는 '정보의 교환'을 목적으로 한다. 이를 통해 개인간, 지인간 상호작용의 가치를 실현한다. 여기서 언급한 '정보'라는 것은 일반적으로 컨텐츠라고 표현하며, 텍스트뿐만 아니라 사진, 영상도 될 수 있다. 컨텐츠 생산자, 즉 크리에이터Creator는 공유하기 원하는 컨텐츠를 플랫폼을 통해 등록하고, 구독자는 해당 컨텐츠를 소비하는 방식으로 운영된다. 이러한 소셜 미디어형 플랫폼 비즈니스의 큰 특징 중에 하나는 생산자(크리에이터)와 소비자(구독자)의 구분이 매우 모호하다는 것이다. 예를 들어 내가 페이스북에 개인 일상을 사진과 함께 올리면, 지인이 나의 글에 댓글을 달고 난 또 그 댓글에 '좋아요'를 누른다. 즉, 글을 올리는 행위와 '좋아요'를 누르는 행위는 생산자에, 지인의 댓글을 읽는 것은 소비자에 해당된다. 컨텐츠를 매개로 생산자와 소비자의 역할을 나와 상대방이 서로 바꾸어 가며 상호작용을 일으키는 것이다.

소셜 미디어형 플랫폼 비즈니스의 핵심 수익원은 거의 대부분 '광고료'를 통해서 발생한다. 마켓형 플랫폼 비즈니스에서의 생산자는 기업이기 때문에 수수료를 부과할 여지가 있지만, 소셜 미디어형 플랫폼 비즈니스에서는 생산자가 기업보다는 개인일 가능성이 높다. 플랫폼 비즈니스 성공의 핵심이 '상호작용의 활성화'인데, 컨텐츠의 생산자인 개인에게 수수료를 부과한다면, 아마도 상호작용 자체가 발생하지 않을 것이다. 따라서 소셜 미디어형 플랫폼 비즈니스에서는 상호작용에 참여하지 않는 제3의 기업에게 광고료를 부과하는 방식으로 수익구조를 가져가고 있다. 예를 들어 페이스북에서 컨텐츠 중간중간에 광고가 나오고, 유튜브에서는 영상을 시청하기 전에 꼭 광고를 봐야 한다.

3) 공유형 플랫폼 비즈니스

공유형 플랫폼 비즈니스의 기본 개념은 개인이 소유한 물리적 자산에 대해 서로 나누어 사용함으로써 가치를 창출해내는 비즈니스를 의미한다. 이러한 개념은 하버드 대학교의 로런스 레시그 Lawrence Lessig 교수가 경제 대침체 이후에 이를 극복하기 위한 방안으로 만들어낸 경제 개념의 하나이다. 기존 파이프라인 비즈니스에서는 제품을 생산하여 소비자에게 해당 제품의 소유권을 이전시키며 가치를 창출하는데 반해, 공유형 플랫폼에서는 소유권 이전보다는 공유자와 사용자 모두가 상황이 허용하는 상태에서 서로 나누어 사용함으로써 서로에게 가치를 제공하는 방식이다. 여기서 말한 '자산'이란 자동차와 같은 물리적 제품뿐만 아니라 개인이 소유한 사무실과 주택 등의 공간도 해당되며, 사람의 노동 그리고 시간 또한 이에 해당된다.

이러한 개념은 좀 더 발전하여 긱 경제Gig Economy란 개념으로 사용되고 있다. 긱 경제의 기본 개념은, 노동력이 필요할 때 원하는 만큼 노동력을 공급받아 일하는 일종의 시스템을 의미한다. 은퇴자나 전업주부와 같이 노동시장에서 상대적으로 외면받을 수 있는 노동력에 대한 시장진입을 지원하는 방향으로 사용되었다. 실제로 아마존의 총알배송 서비스에 사용되고 있으며 국내에서도 실버 택배사업도 이에 해당된다. 한동안 이러한 공유경제 개념이 세상을 뒤덮은 적이 있었으며, 앞으로의 모든 비즈니스가 그러한 방향으로 변화할 것이라고 사람들이 생각하였다. 하지만, 몇 년이 지난 지금 그 열기가 많이 식었다. 공유 플랫폼이 아직까지 큰 성공을 이루지 못한 이유에는 장점과 함께 단점 또한 명확하기 때문이다. 공유 자산을 사용하는 이용자는 자신의 자산이 아닌 다른 사람의 자산을 이용하기 때문에 함부로 사용하는 경향이 있고, 이러한 행동들이 불쾌한 공유자는 자신의 자산을 공유하지 않게 된다. 또한 공유되는 자산에 문제가 발생했을 때 누구의 책임인지를 판단하기 어려운 경우가 발생하여 더욱 꺼리게 되는 경향이 있게 된다. 가장 큰 문제는 아마도 안전의 문제일 것이다. 에어비앤비를 통해 개인 집에 머무르게 되거나 혹은 우버를 통해 다른 사람을 차량을 이용할 때 발생될 수 있는 안전에 대한 우려가 공유자원을 꺼리게 되는 가장 큰 이유라고 할 수 있다. 개인이 소유한 자원의 공유를 통해 서로가 가치를 만들어간다는 것은 어떻게 보면 유토피아적 사고일 수도 있다.

공유형 플랫폼의 수익구조는 어떻게 보면 매우 심플하다. 기본적으로 수익이 발생하는 사람에게 수수료를 부과하게 되므로, 개인의 자산을 공유하는 사람에게 수수료를 부과하게 된다. 다만,

해당 자산을 이용하는 사용자에게도 일정 부분 수수료를 부과하기도 하며, 광고 또한 주요 수익원에 해당된다.

4) 구독형 플랫폼 비즈니스

구독형 플랫폼 비즈니스란 일정한 금액을 정기적으로 지불하고 제품이나 서비스를 이용하는 비즈니스를 말하며, 구독경제Subscription Economy라는 경제용어로도 사용되고 있다.

사실 넷플릭스는 기본적으로 양면시장이 존재하지 않기 때문에 플랫폼 사업에 해당되지 않으며, 단지 기업이 고객에게 보다 쉽게 제품을 제공하기 위한 '전략의 한 유형'에 해당될 뿐이다. 하지만, 많은 사람들이 넷플릭스와 같은 OTTOver-The-Top 서비스를 플랫폼 비즈니스라고 말한다. 그 이유는 기존 파이프라인 비즈니스와는 다르게, 상품을 '일시적 판매'가 아닌 '지속적 서비스' 방식으로 판매하기 때문이다. 여기서 말한 '일시적 판매'라는 것은 상품을 고객에게 판매하는 것을 말하며, '지속적 서비스'라는 것은 상품을 판매하는 것이 아니라 사용할 권한을 주고 그 권한에 대한 일정한 수수료를 받는 것을 의미한다. 넷플릭스의 경우에는 다수의 컨텐츠 개발 사업자와 계약을 통해 컨텐츠를 공급받아 회원들에게 컨텐츠를 이용할 권리를 부여하며 수수료를 받는다. 넷플릭스와 같은 OTT 서비스 외에도, 렌탈 서비스 또한 구독형 서비스에 해당된다. 정수기, TV 등의 가전제품, 자동차 등 최근에는 상품의 유형을 가리지 않고 매우 다양한 영역에서 렌탈 서비스를 제공하고 있다. 특이한 렌탈 서비스 사례는 전기자동차의 배터리인데, 최근 전기자동차에 대한 수요가 폭발적으로 증가하였으나, 배터리 비용이 매우 높아 접근성이 떨어지는 경향이 있었다. 현대자동차는 이러한 문제를 해결하고 보다 고객 접근성을 높이기 위해 전기자동차의 원가 대부분을 차지하는 배터리를 구독형으로 전환한다고 2022년 5월에 발표하였다. 이렇게 되면 실질적인 판매가가 대폭 내려가게 되어 구매자로 하여금 선택의 폭을 넓힐 수 있게 된다.

구독형 플랫폼의 수익구조는 다른 플랫폼에 비해 단순하다. 플랫폼 기업이 제공하는 상품 혹은 서비스에 대해 고객에게 바로 사용료를 부과하기 때문이다.

Chapter 2

플랫폼 비즈니스를 가능케 하는 디지털 기술과 네트워크

플랫폼 비즈니스의 특징

플랫폼 비즈니스에서 핵심적 사고 중 하나가 양면시장에 대한 이해를 바탕으로, 생산자 집단과 소비자 집단을 어떻게 연계하여 가치를 공유할 것인가를 설계하는 것이다. 이러한 양면시장에 대한 기초적인 개념은 경제학자인 로세와 티롤Rochet & Tirole이 2003년 양면시장 이론을 발표하면서 알려졌으며, 이후 경제학계에서 인기있는 연구주제 중 하나가 되었다고 한다. 기본적인 개념은 서로 다른 두 개의 시장을 하나로 묶어 시장을 바라보고, 하나의 시장에서 발생하는 문제가 또 다른 시장에서 긍정적 결과와 연결된다면 정당화될 수도 있다는 의미를 내포하고 있다. 그렇다고 하더라도 독과점이나 갑질을 종용한다기 보다는 플랫폼 비즈니스에서의 독과점에 대한 규제방식이 기존과는 달라야 한다는 것을 강조하였고, 이러한 개념에 대해 이론적 증명을 통해 노벨 경제학상까지 수상하였다.

플랫폼 비즈니스의 3가지 특징

플랫폼 비즈니스가 파이프라인 비즈니스와 비교하여 투자비용 측면, 성장과정 그리고 생태계에서의 지배사업자가 된 후를 기준으로 크게 3가지로 특징을 살펴보고자 한다.

① 한계비용 제로화

기업은 이익창출을 목적으로 존재함으로 항상 투자 대비 성과가 얼마나 발생할 것인가를 고민한다. 하지만 투자와 생산량은 반드시 비례하지는 않아서, 더 많은 제품을 생산하기 위해 투자를 늘린다고 해서 생산량 또한 동일하게 늘어나지는 않는데, 이러한 개념을 한계비용Marginal Cost이라고 한다. 보다 정확히 표현하자면, 한계비용이란 "생산량의 한 단위를 증가시키는데 필요한 생산비의 증가분"을 의미한다. 즉, 생산량을 증가시키는데 생산비용이 얼마나 증가하는지를 측정하는 것으로 한계생산비(限界生産費)라고도 한다.

한계비용 비교

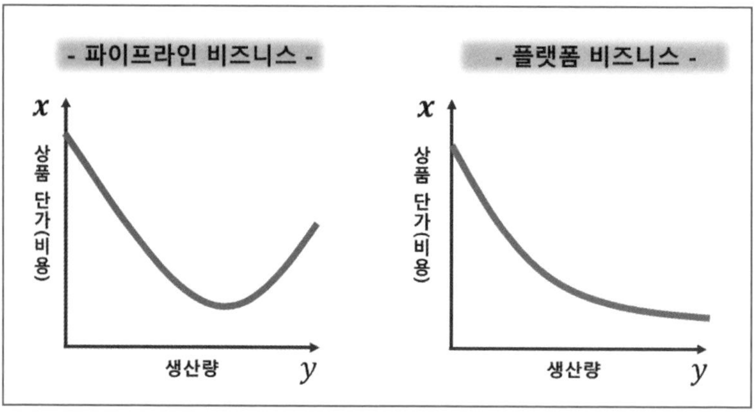

생산비용은 일반적으로 고정비용(예: 설비비용 등)과 가변비용(예: 원자재, 임금 등)으로 구분되는데, 기존 파이프라인 비즈니스에서는 생산량을 증가시키기 위해 생산비용을 일정량 수준으로 지속적 증가시켜야 했다. 하지만, 플랫폼 비즈니스에서는 초기 투자비용이 발생하지만, 사업이 확대될수록 상품단가에 대한 비용이 급격하게 줄어드는 경향이 있다. 간단한 예를 들어보자. 우리나라 모든 국민이 사용하는 모바일 메신저인 카카오톡을 생각해 보면 쉽게 이해가 갈 것이다. 처음 카카오톡이라는 앱을 개발할 때에는 매우 많은 투자비용이 필요했을 것이다. 모바일 앱을 개발하기 위해 프로그램 개발자에 많은 투자를 하고, 서비스를 위한 인프라 구축에도 투자를 했을 것이다. 점점 사용자가 늘어나 앱을 다운로드 받는 횟수도 폭발적으로 증가하면서, 안정적 서비스를 위해 인프라에 더욱 많은 투자를 했을 것으로 예상된다. 기능 개선이야 계속 해서 진행하겠지만, 어느정도 수준으로 개발된 이후에는 프로그램 개발자보다는 안정적 서비스를 위해 지속적으로 인프라에 투자를 할 것이다. 이마저도 일정 수준이 되면 인프라에 투자할 필요도 없어지게 된다. 하지만 앱을 사용하는 이용자 입장에서 생각해보면, 해당 소프트웨어를 다운로드 받아 설치하는데 2천만명이 하든, 3천만명이 하든 비용이 추가적으로 발생하지 않는다. 기존 파이프라인에서는 고객에게 상품을 판매하는데 있어서 해당 상품에 '고정된 원가'가 발생하지만, 플랫폼 비즈니스에서는 카카오톡 앱의 경우처럼 일정 수준의 투자 이후에는 고객이 아무리 다운로드하여 사용한다고 하더라도 별도의 비용이 발생하지 않는 것이다.

바로 이러한 이유로 플랫폼 비즈니스는 한계비용이 제로에 가깝게 되는 것이며, 폭발적으로 성장을 이룰 수 있는 중요한 요소가 되는 것이다.

월마트 직원이 230만명인데 반해 아마존의 직원은 140만명 임에도 불구하고 월마트의 매출을 이미 훌쩍 뛰어넘고 순이익도 3배에 이른다. 아마존 직원이 140만명이라는 숫자도 당일배송 서비스로 인해 최근에 폭발적으로 증가한 것이지 이전에는 월마트 직원수의 1/10의 수준이었다. 기존 파이프라인 기업의 직원수보다 훨씬 적지만 매출과 순이익은 월등히 많은 것이다. 에어비앤비, 링크드인 등 우리가 잘 알고 있는 글로벌 플랫폼 사업자는 평균적으로 단지 8천여 명의 직원으로 전세계에 서비스를 제공하는 것을 보면 한계비용 제로가 어떤 영향력을 끼치는지 잘 알 수 있다.

미국의 미래학자 제러미 러프킨Rifkin, Jeremy은 자신의 책 '한계비용 제로 사회'The Zero Marginal Cost Society에서 사물인터넷IOT: Internet of Things 등의 기술이 발달하면서 사회구조는 한계비용 제로에 가깝게 발전한다고 예측하였다. 모든 것은 인터넷을 기반으로 거래가 이루어짐으로써 공산품과 서비스의 가격이 낮아지고 유통구조는 개편되어, 결국 생산비용 자체가 절감됨에 따라 삶의 질이 높아진다는 의미를 내포하고 있는 것이다. 시대와 기술이 발전할수록 소모적 비용을 줄인다는 한계비용의 개념은 어찌 보면 필연적 지향점이라고 볼 수 있는 것이다.

② 단계별 임계점 기반의 성장패턴

기업의 성장과 관련하여 플랫폼 비즈니스뿐만 아니라 모든 비즈니스에 동일하게 적용되는 개념이 있는데 바로 '성장의 임계점'Critical Point이라는 것이다. 임계점이란 물리학에서 '액체와 기체가 구분될 수 있는 최대의 온도-압력의 한계점'이라는 의미를 갖고 있으며, 수학에서는 '함수의 도함수가 0이 되는 지점'을 의미하고 있다. 두 학문에서 조금은 다르게 표현하고 있지만, 공동적인 것을 설명하자면 '서로 다른 성격의 두 요소가 만나서 변하는 지점'을 의미한다고 볼 수 있다.

이러한 임계점 개념을 플랫폼 비즈니스 중심으로 생각해보자. 우리가 플랫폼 비즈니스를 시작할 때 기대하는 성장패턴, 매출, 시장점유율 등이 있을 것이다. 그리고 사업을 실제 진행하면서 받게 되는 성적표에 해당하는 성장패턴, 매출 그리고 시장점유율이 있을 것이다. 이 두 가지가 만나는 지점이 임계점에 해당된다. 해당 지점을 기점으로 해서 실제 성적표에 해당하는 성과가 막연히 예측했던 성과보다 낮은 단계를 '실망의 계곡'Valley of Disappointment라고 하며, 반대로 임계점을 넘어선 지점부터 성적표가 기대를 상회하였다고 할 수 있는 것이다. 그런데 이러한 성장에도 패턴이 존재하는데, 바로 계단식 성장을 한다는 것이다. 비즈니스가 성장을 하는데 차곡차곡 순차적으로 그리고 완만한 혹은 선형적인 성장을 이루는 것이 아니라, 중간중간에 반복적으로 정체기가 있는 계단식으로 발전을 하게 되며, 어느 특정 시점에 이르러서는 비약적으로 발전하게 된다. 또 하나의 특징은, 각각의 단계에서 맞이하는 정체기의 기간은 동일하지 않으며, 사업이 성장할수록 정체기의 기간은 점점 짧아지고 성장기간은 더 길어진다는 것이다. 즉, 계단의 간격과 그 폭은 점점 짧아지고 계단의 높이는 점점 높아지는 것이다. 이것을 반대로 생각해보면, 특정시점에서 성장이 없는 정체된 상태가 오랫동안 지속된다면 '정체기의 늪'에 빠져 있다고 봐야 하며, 한 계단 올라가기 위해서는 성장을 위한 추가적인 모멘텀Momentum이 필요한 시점이라는 개념을 가져야 한다는 것이다. 만약, 어떠한 노력을 했는데도 불구하고 성장하지 않는다면, 그것은 아마도 시장 규모 자체가 작아 성장의 끝지점에 도달했다고 생각하는 것이 적절할 것이다. 이 시점이 되었다면 회사의 성장을 위해 새로운 사업영역에 도전해야 할 상황이 되었다는 것을 의미한다.

무엇보다 중요한 것은 단계별로 찾아오는 각 임계점에서 내 상태가 현재 어느 시점에 있는가를 이해하는 것이다. 비즈니스가 성장을 하다 보면 어느 시점에는 분명 정체기를 맞이할 것이고, 이때 내가 계단식 성장에서 어떤 지점에 있고 현재의 한계를 극복하기 위해 어떤 전략으로 그리고 어떠한 자원을 더 투입하여 한계비용을 제로화할 것인가를 고민해야 한다. 그리고 또 하나 중요한 것이 현재의 어려움을 버티고 견뎌내는 정신적 맷집이 있어야 한다. 그래야 내가 원하는 진정한 목표Goal 임계점에 도달할 수 있다. 스스로가 아무리 노력을 해도 성장 없이 정체된 시기는 반드시 오게 되어 있고, 그것을 뛰어넘었을 때 또 한 번 큰 성장을 이루게 되는 것이다.

사실 이러한 계단식 성장패턴은 비단 플랫폼 비즈니스에만 해당되는 것은 아니며, 모든 비즈니스 그리고 개인 발전에도 그대로 적용이 된다. 여담으로 필자는 러닝을 매우 좋아한다. 처음 운동을 시작했을 때에는 2~3키로도 제대로 달리지 못했는데, 3년 정도 꾸준히 노력하며 하프 마라톤대회를 출전할 수 있었다. 운동에 워낙 재능이 없다 보니 기록은 좋지 않았지만, 하프에 참여할 수 있을 정도로 몸이 올라왔다는 것 자체에 만족하였다. 계속 운동을 하

플랫폼 비즈니스의 계단식 성장패턴

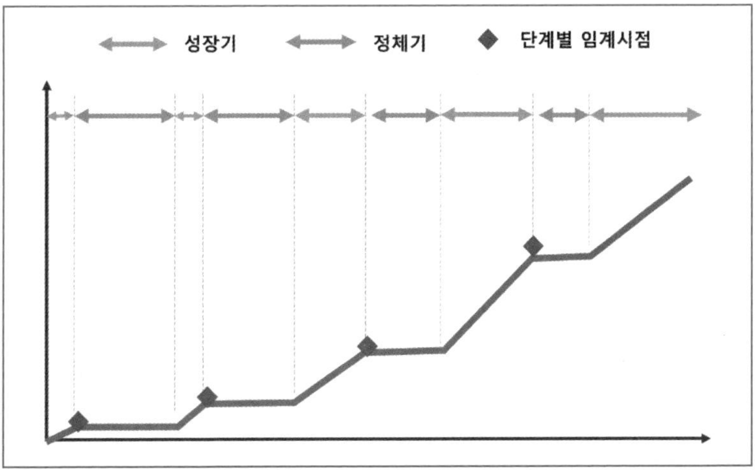

면서 느낀 것이 있는데, 아무리 노력해도 기록이 단축되지 않는 시점이 주기적으로 찾아왔다는 것이다. 그럴 때마다 러닝공부를 하며 스킬을 올리기 위해 부단히 노력하였다. 앞에서 언급한 계단식 성장과 동일하다. 내가 아무리 노력을 해도 성장 없이 정체되는 시간이 주기적으로 지속되었다. 나 스스로가 그러한 시기에 놓여있음을 이해하고, 끊임없는 노력과 함께 정신적 맷집을 키워야 한 계단 위로 올라갈 수 있는 것이다. 이러한 사고와 행동이 계단식 성장에서 찾아오는 정체기를 극복하기 위한 기본이라고 할 수 있다.

③ 승자독식

플랫폼 비즈니스를 설명할 때 항상 언급되는 특징이 있는데 바로 승자가 모든 것을 소유한다는 승자독식WTA : Winner-Take-All의 원칙이다. 승자독식이란 말 그대로 시장에서 살아남는 자가 모든 것을 차지한다는 의미이다. 일반적인 단면시장One-Sided Market에서는 기업이 임의로 제품을 만들어서 고객에게 일방적으로 제공을 하는데, 이런 경우 고객은 자신의 취향과 소득에 맞게 제품을 구매하기 때문에 소규모의 사업자도 시장에서 살아남을 수 있었다. 개인 취향에 따라 선호하는 제품이 상이하기 때문이다. 하지만 플랫폼 비즈니스는 네트워크 기반으로 시장이 돌아감에 따라 쏠림현상이 발생하게 된다. 이러한 쏠림현상, 즉 승자독식을 위한 과정은 매우 정형화된 패턴으로 돌아간다. 우선 플랫폼 비즈니스 특성, 즉 누구나 쉽게 접근할 수 있다는 개방성과 플랫폼을 사용하는 데 있어서 별도의 비용이 필요하지 않는다는 공짜개념을 바탕으로 사용자를 끌어모은다. 편리함과 공짜에 익숙해진 고객은, 플랫폼 사업자의 의도적인 멀티호밍Multihoming을 금지를 강요받으면서 유사한 다른 플랫폼 사용을 철저히 제한받게 된다. 참고로, 멀티호밍이란 여러 플랫폼을 사용하는 것을 의미한다. 플랫폼 사업의 초기단계에서 중요한 것은 이익 또는 순익분기점 BEP: Break - Even Point 따위는 관심도 없이 오로지 '시장점유율'과 '이용자 확대'만을 생각하고 사업을 확장한다. 그렇게 사업을 확장하던 어느 순간 시장의 지배사업자가 되었다고 느꼈을 때, 즉, 갑을이 바뀌는 시점이라고 느낄 때 본격적으로 수익모델을 가지며 독점적 이익을 극대화한다. 우리가 너무나 잘 알고 있는 유튜브의 프리미엄 서비스, 네이버 플러스 맴버십 그리고 쿠팡의 로켓배송이 대표적인 수익모델 사례라고 할 수 있다. 특히 쿠팡의 경우에는 로켓배송 유료화에 대한 반발을 누그러트리고 더 많은 사용자를 끌어들이기 위해 로켓플레이(스트리밍 서비스OTT: Over The Top)를 무료로 사용할 수 있도록 했다. 실제로 로켓배송 유료화는 쿠팡의 수익성을 크게 개선시켰으며, 만년 적자에서 벗어날 수 있는 기회를 갖게 하였다.

플랫폼의 프리미엄 서비스

승자독식이 플랫폼 비즈니스의 특징이라는 필자의 설명을 들으며, 아마도 국내 이커머스 시장에 대해 의문을 갖은 독자가 있었을 것이다. 왜냐하면 국내 이커머스 시장에서는 절대 강자가 없이 춘추전국 시대처럼 진행되고 있기 때문이다. 중국에는 알리바바가, 미국에는 아마존이라는 절대 강자가 있는데 반해 국내 시장에는 이러한 절대 강자가 딱히 떠오르지 않는다.

우선 국내 이커머스 시장을 살펴보자. 국내 이커머스 시장은

2017년 약 78조에서 2022년에는 약 211조로 세계 5위의 시장으로 그 시장 규모가 커졌다. 성장률 또한 2018년에는 22%, 2019년에는 18%, 2020년에는 19%, 2021년에는 15%로 지속적으로 성장하고 있다. 시장규모와 성장률 모두 매년 폭발적으로 성장하고 있는데, 그럼 국내 이커머스 시장의 주인공은 누구일까? 2021년까지의 시장상황을 봤을 때, 네이버가 17%로 1위를 굳건히 차지하고 있고, 2위는 15%의 점유율을 보이고 있는 쿠팡이, 그리고 3위는 2021년 이베이코리아를 인수한 신세계가 13%를 차지하였다. 사실상 국내시장에서는 네이버, 쿠팡 그리고 신세계가 빅3로 시장이 굳어지고 있는 상황이다. 한때 초기 이커머스 시장에서 쿠팡과 함께 3내 기업이라고 불렸던 티켓몬스터와 위메프는 3~4%의 점유율 만을 보이며 후발주자가 되었다.

특이한 점은 이커머스 업체도 아닌 인터넷 포털 업체 네이버가가 시장점유율 1위를 차지하고 있다는 것이다. 이것이 바로 국내 이커머스 시장이 승자독식이 발생하지 않는 가장 큰 이유라고 할 수 있다. 이러한 현상을 이해하기 위해서는 먼저 우리나라 인터넷 사용자들의 습관을 살펴봐야 한다. 우리나라 사람들은 인터넷을 시작할 때 항상 네이버로 시작하는 경향이 있다. 찾고자 하는 무언가를 검색하든, 읽고 싶은 기사를 찾아보든, 쇼핑을 하든 일단 네이버를 먼저 열어놓고 인터넷을 시작한다. 어린이집에 다니는 어린아이들도, 80이 넘은 어르신분들도 일단 네이버를 켜고 시작

국내 이커머스 시장 점유율

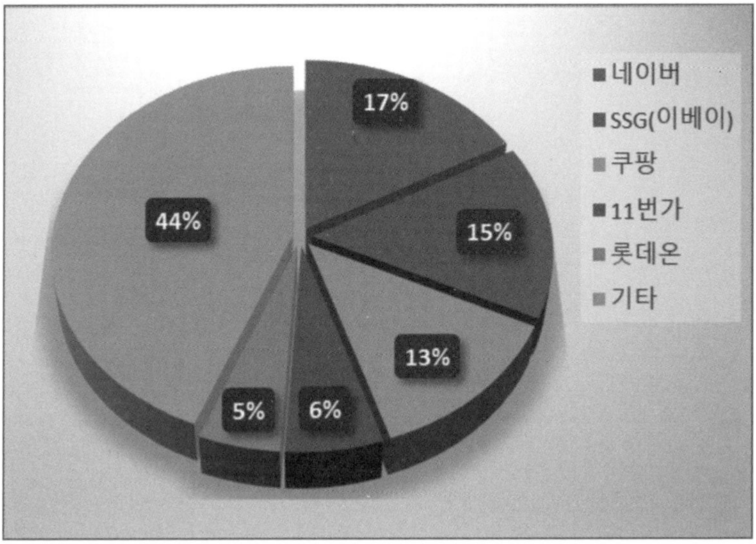

한다. 우리나라 검색엔진의 점유율은 네이버가 60.22%로 1위, 구글이 31.44%로 2위, 다음이 3.76%를 보이고 있다. 구글이 전세계 검색시장의 90% 이상을 차지하는 것을 생각해보면 국내시장의 이러한 특징을 반증한다고 볼 수 있다. 그렇다 보니 자신에게 필요한 상품을 구매할 때 쇼핑몰에 가서 상품을 검색하는 것이 아니라, 네이버에서 검색을 하여 사이트별로 상품의 가격을 비교한 후 해당 쇼핑몰로 이동하여 상품에 대해서 상세히 확인하고 적절하다고 판단되는 상품을 구매한다.

네이버 상품검색 및 가격비교

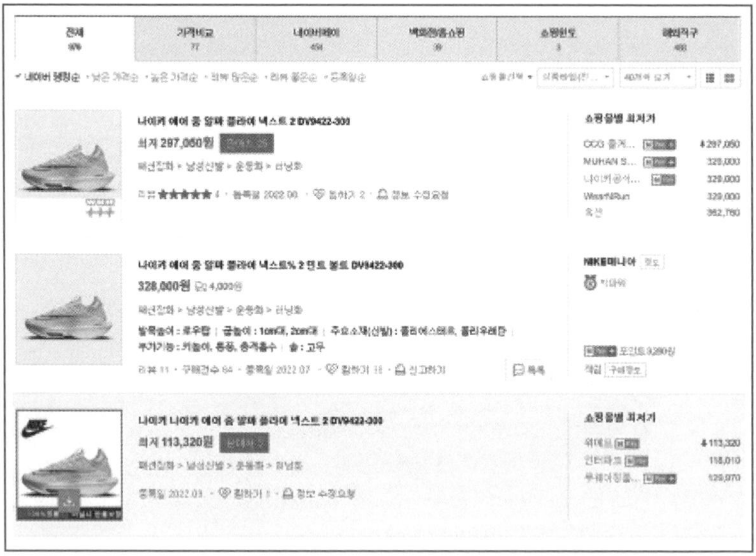

이러한 상품구매패턴은 결국 이커머스 업체가 아닌 인터넷 포털 기업이 이커머스 시장에서 매출 1위를 달성할 수 있게 만든 원동력 역할을 한 것이다. 그리고 네이버의 막강한 영향력은 국내 이커머스 기업들이 자체적으로 만들고자 하는 '네트워크 효과'의 발생을 방해하는 역할을 하였다. 결국 국내 이커머스 시장만의 독특한 특징은 우리나라 사람들의 인터넷 검색엔진 활용능력에서 출발했다고 할 수 있는 것이다.

디지털 경제를 가능케 하는 디지털 기술과 네트워크 법칙

최근 세계경제의 최대 화두는 단연 디지털 경제Digital Economy라고 할 수 있다. 이것이 넓은 의미로 사용될 때에는 '재화 및 서비스를 제공하는 데 있어서 생산, 분배 그리고 소비의 경제활동이 디지털에 의존적인 경제'로 해석되는데, 그 바탕은 네트워크화된 데이터와 지식을 기반으로 한다. 예를 들어 블록체인 기반의 암호화 화폐 그리고 대체 불가능한 토큰NFT Non-Fungible Token을 생각해보면 보다 쉽게 이해되리라 생각된다. 암호화폐는 2009년 첫 블록이 만들어진 이후, 2013년부터 본격적으로 대중에게 알려졌다. 기본적으로 블록체인Blockchain 기술을 활용하여 암호화 및 분산 발행되며, 일정한 네트워크 상에서 화폐로 사용할 수 있는 전자정보라고 할 수 있다. 또한 중앙은행이 발행하지 않다 보니 정해진 액면가가 없으며, 거래수단으로서의 화폐보다는 투자목적이 강하고 거래소를 통해 거래됨으로써 수요만큼 금전적 가치가 결정되는 디지털 방식의 화폐라고 할 수 있다. 그 목적과 활용방법이 어떠하건 간에 전세계적으로 매우 많은 사람들이 암호화폐에 투자하고 있으며 세계경제의 중요한 축으로 굳어지고 있다. 이러한 디지털 경제는 유사한 의미로 네트워크 경제Network Economy, 지식기반 경제Knowledge Economy 혹은 정보경제Information Economy 등의 단어로도 사용되고 있다. 기존 전통적인 경제와 구분하여 신경제New Economy라고도 한다.

반면에 디지털 경제가 좁은 의미로 사용될 때에는, '인터넷 기반 전자상거래 중심의 경제'라는 의미에서 인터넷 경제Internet Economy 라고도 한다.

이렇듯 다양한 용어로 사용되고 있지만 그 중심은 역시 '디지털'이라고 할 수 있다. 그러면 이러한 디지털 경제는 기존 경제와 비교하여 어떤 특징이 있을까? 그것은 앞에서 거래비용Transaction Cost 에 대해 설명한 바와 같이, 디지털 경제에서는 상품 혹은 서비스가 생산되어 소비되기까지 중간단계에서 발생될 수 있는 불필요한 프로세스를 생략함으로써 비용을 획기적으로 줄일 수 있다는 것이다. 전자상거래의 예를 들어보면, 기존 방식대로 오프라인 매장에서 상품을 판매하는 것보다, 온라인을 통해 판매하는 것이 일반적으로 많게는 30-35%의 비용을 절감할 수 있는 것으로 보고 있다. 디지털 경제가 기존 경제와 차이나는 또 한 가지는 물리적 공간의 한계를 넘어 손쉽게 글로벌화를 이룰 수 있다는 것이다. 기존 파이프라인 비즈니스에서는 네트워크라는 개념이 없기 때문에 공간적 제약이 매우 컸다. 물건을 팔고 싶으면 물건을 직접 들고 고객을 찾아가서 보여주며 설명을 해야 했다. 하지만 디지털 경제에서는 이러한 공간적 제약이 없이 제품의 판매가 가능해졌다. 어디 판매뿐이겠는가? 플랫폼을 활용한다면 제품 생산 또한 직접 할 필요 없이 전세계에 흩어져 있는 기업들과 연결하여 제품 생산 그리고 영업활동을 할 수 있게 되었다.

이러한 디지털 경제의 원천은 역시 '네트워크 효과'에서 발생된다고 볼 수 있다. 앞에서 살펴보았듯이 네트워크 효과는 존재하는 모든 사람들을 실시간으로 연결시키고 특정 사람들 간의 연결이 다른 사람들 간의 연결에 영향을 미침으로써 그 연결성이 폭발적으로 늘어나게 된다. 이를 통해 그 이전 비즈니스에서는 상상할 수 없었던 가치를 발생하게 되는 것이다.

플랫폼 비즈니스의 성장, 디지털 기술과 데이터

플랫폼 비즈니스는 제품 혹은 서비스를 새롭게 만들어 판매한다기보다는, 이미 기존에 존재하는 상품을 필요로 하는 소비자에게 단지 중개해 줌으로써 가치를 창출하는 사업모델이라고 이미 설명하였다. 스스로 만들어내는 제품과 서비스가 없는데도 불구하고 시장을 장악할 수 있었던 비결은 바로 디지털 기술을 활용하여, '쓸모 있는 데이터'를 만들어 내고, 이를 통해 거래비용을 현저히 낮췄기 때문이다. 또한 기본적으로 인터넷 공간에서 거래가 발생함으로써, 시간적 그리고 공간적 제약 없이 24시간 거래가 발생하는 구조가 큰 영향을 미쳤다. 결국 이러한 장점은 플랫폼 비즈니스에서 가장 중요한 요소인 '네트워크 효과'를 발생시킴으로써 시장에서 하나의 사업모델로 살아남을 수 있었다.

이러한 디지털 기술은 기존 산업에서의 장벽을 무너뜨리는 역할을 하였다. 기존 비즈니스의 가장 큰 특징은, 시장에서의 경쟁자는 유사한 업종에 있는 기업이며, 시장에서 살아남기 위해 그들끼리 치열한 경쟁을 펼쳤다. 새로운 경쟁자가 나타난다면 서로 적이었던 관계보다는 서로 간 파트너십을 통해 협력하였고, 그들끼리 탄탄한 장벽을 치며 새로운 도전자를 허용하지 않았다. 어쨌든 기존 비즈니스에서의 경쟁자는 유사한 업종에 있는 기업인 것이다. 예를 들어 생활용품을 개발하는 제조업의 경우라면 유사제품을 개발하는 기업과 경쟁을 하였고, 옷을 만드는 기업이라면 옷을 만드는 기업과 경쟁을 하였다. 물류/유통의 경우라면 동일하게 물류/유통을 하는 기업끼리 경쟁을 하였다. 물론 기업이 성장을 하게 되면 수직적 통합Vertical Integration을 통해 기업을 그룹의 형태로 만들긴 하지만 말이다.

이러한 시장에서 디지털 기술은 산업 간 경계를 무너뜨리고 경쟁사와 협력사의 구분을 모호하게 만들었다. 예를 들어 동네의 맛집들은 이제 근처에 있는 유사한 가게들과 경쟁하는 것이 아니라, 배달의민족 그리고 요기요와 같은 배달 앱App·과 손님을 모시기 위한 경쟁을 벌이고 있다. 일반 택시는 카카오택시와 경쟁하고 있으며, 대리운전 기업은 카카오T대리 그리고 우티UT와 경쟁하고 있다. 만약, 의류를 생산하면서 유통까지 할 수 있는 기업이 있다고 가정해보자. 이 기업의 경쟁자는 유사한 상품을 개발하는 의류기업도 있지만, 쿠팡 혹은 아마존과 같은 유통기업 또한 경쟁사일 것이다. 하지만, 자신들이 직접 상품을 판매하고 쿠팡과 아마존을 통해 상품을 판매한다면, 경쟁자였던 쿠팡과 아마존이 이제는 협력사가 되는 것이다.

산업 간 경계를 무너뜨리고 경쟁사와 협력사의 구분을 모호하게 만든 상황은 모두 디지털 기술의 발전으로 인한 현상이라고 볼 수 있다. 그렇다면 이러한 디지털 기술을 통해 결국 만들어내고자 하는 결과물은 무엇일까? 바로 '데이터'이다. 오늘날 '데이터'의 활용과 가능성에는 그 한계가 존재하지 않는다고 말한다. 데이터에 대한 의미와 중요성에 대해 근본적인 사고가 바뀌지 않는다면 혼돈의 비즈니스 세계에서 살아남을 수 없게 된다.

이러한 데이터가 과거 아날로그 시대와 비교하여 디지털 시대에서의 어떤 의미를 갖는지 살펴보자.

디지털 시대의 데이터 의미

구분	과거 아날로그 시대	현재 디지털 시대
생산방식	**기업 내부**	**기업 내부 + 외부**
데이터 형태	정형 데이터	정형 + 비정형
데이터 활용	**생산**(관리)	**활용 + 예측**
활용 목적	**조직관리**	**새로운 가치창출**

우선, 과거에는 데이터를 생산하는 방식이 생산라인 혹은 운영관리 측면에서 기업내부를 중심으로 생산되었고 그 형태는 정형데이터였다. 데이터 생산의 초창기 시절이므로 활용보다는 생산과 저장에 초점이 맞춰져 있었고, 그 활용도 조직관리 중심으로만 사용되었다. 하지만 디지털 시대에 접어들면서 기업외부에서 발생되는 다양한 비정형 데이터에 많은 관심을 기울이기 시작하였다. 이러한 비정형 데이터는 인공지능AI: Artificial Intelligence의 자연어처리NLP: Natural Language Processing 기술을 활용하여 데이터의 인사이트Insight를 얻을 수 있었고, 조직의 경영에 활용과 함께 미래를 예측하는 분야로 확대되었다. 결국 데이터 자산은 비즈니스에서 새로운 가치를 창출하는데 필수 불가결한 존재가 되었다. 페이스북을 생각해보면 쉽게 이해가 될 것이다. 페이스북에는 1분마다 400명

의 새로운 사용자가 페이스북에 가입하고, 4분마다 '좋아요'를 누르며, 매일 35만명이 페이스북에 새로운 글을 올린다. 이러한 수많은 사용자 유형과 그들이 만들어 내는 글 그리고 '좋아요'를 누르는 활동들을 바탕으로, 광고주는 소비자를 보다 심도 있게 분석할 수 있었고 이를 통해 정교하게 핵심 타깃층을 설정하여 적은 비용으로 더 높은 광고효과를 낼 수 있게 되었다.

디지털 기술이 만들어낸 또 한 가지는 바로 '네트워크 효과Network Effects'이다. 네트워크 효과란 미국 경제학자 하비 라이벤스타인Harvey Leibenstein이 주장한 개념으로, '특정 상품에 대한 어떤 사람의 수요가 다른 사람들의 수요에 영향을 미치는 효과'라고 정의하였다. 즉, 어떠한 사람이 하나의 상품을 구매하면 그 상품에 대한 평가를 하게 되고, 그러한 평가가 다른 사람의 구매활동에 영향을 미친다는 의미이다. 결국 사용자가 몰릴수록 활동은 더 많아지고, 결국 그 규모가 기하급수적으로 늘어나는 구조를 갖는 것이다. 이러한 네트워크 효과의 특징은 기본적으로 단방향이 아닌 양방향으로 흐른다. 하나의 상품이 기업으로부터 고객에게 전달되는 과정을 보면 쉽게 이해할 수 있다. 기존 기업은 제품을 생산하여 고객에게 전달하는 단방향의 선형적 흐름을 갖는다. 하지만 플랫폼 비즈니스는 생산과 소비가 서로 상호 간에 발생함으로써 양방향 네트워크를 가지며 이러한 과정을 통해 새로운 가치를 만들어 내고, 결국 점점 더 크고 방대한 네트워크를 만들어가는 것이다. 이러한 개념이 중요한 이유는 기업의 거래비용을 낮출 뿐만 아니라 시장규모를 확장시키는 데 있어서 별다른 추가적인 비용이 들지 않기 때문이다. 플랫폼 비즈니스가 단시간 내에 사업을 확장하는데 큰 역할을 한 요소이다. 앞에서 살펴보았던 시가총액 및 스탠더드 앤 푸어스S&P의 기업가치 평가에서 플랫폼 기업을 높게 평가하는 이유가 바로 이 네트워크 효과 때문이라고 할 수 있다.

네트워크 효과의 3대 법칙

필자는 앞에서 네트워크 효과에 대한 이야기를 여러 번 하였으나, 이러한 네트워크가 어떠한 논리에서 출발하였는지 그리고 어떠한 방식으로 연결되는지에 대해서는 구체적으로 설명하지 않았다. 이번 장에서는 이러한 네트워크에 대해 보다 구체적으로 설명하고자 한다.

① 샤노프의 법칙 - Sarnoff's Law

사노프의 법칙은 네트워크가 어떠한 가치를 지녔는지에 대해 처음으로 평가방법을 제시한 법칙이라고 할 수 있다. 이 법칙의 특징은 방송 및 매스미디어Mass Media와 같은 전통적인 매체에서의 네트워크 가치를 고려했다는 점이 특징이다. 평가방법은 기본적으로 시청자Viewer의 수에 네트워크 가치가 비례한다는 개념으로, 예를 들어 한 명이 방송을 시청한다면 네트워크의 가치는 1이고, 1,000명이 시청을 하면 네트워크의 가치는 1,000이 된다는 개념이다. 즉, 샤노프의 법칙 상 네트워크는 상호작용의 개념보다는, 방송사가 시청자에게 한방향으로만 컨텐츠를 전달하는 것을 고려한 개념이라고 할 수 있다. TV, 웹사이트 혹은 블로그와 같은 온드미디어Owned Media가 이에 해당된다. 참고로 온드미디어란 어떠한 조직이 미디어를 직접 운영하는 방식을 말하며, 전달하고자 하는 컨텐츠를 직접 컨트롤이 가능하고 해당 컨텐츠의 소비자와 직접 관계를 맺는 미디어를 의미한다.

② 멧칼프의 법칙 - Metcalfe's Law

네트워크의 중요성을 설명할 때 가장 많이 그리고 가장 중요하게 인용되는 법칙이 바로 멧칼프의 법칙이다. 기본적인 개념은 네트워크의 규모가 커질수록 그 비용은 제로수준으로 작아지며, 반대로 네트워크의 가치는 기하급수적으로 증가한다는 개념을 내포하고 있다.

멧칼프의 법칙은 1970년대 초 이더넷Ethernet (LAN Local Area Network, MAN Metropolitan Area Network, WAN Wide Area Network과 같은 로컬 네트워크에서 활용되는 기술규격)의 발명가이며, 3COM의 창업자인 밥 멧칼프Bob Metcalfe가 고안한 것으로, '네트워크의 가치는 참여자 수의 제곱에 비례한다'는 개념이다. 쉽게 설명하면 기존에 10명의 사용자가 네트워크에 있는 상태에서 1명의 사용자가 증가하면, 네트워크 비용은 10% 이하로 증가한 반면 네트워크의 가치는 11의 제곱인 121이 되어 21% 증가한다는 논리이다. 이러한 네트워크 상에서 중요한 역할을 하는 사용자는 접점Node에 해당된다. 사노프의 법칙에서 언급한 시청자Viewer는 네트워크 상에서 수동적 사용자인 반면에, 멧칼프의 법칙에서는 네트워크 상에서 활동하는 하나의 주체에 해당된다. 멧칼프는 이러한 주장을 전화망 구축사업을 하면서 증명하였다.

전화 네트워크의 연결점 및 연결가능성

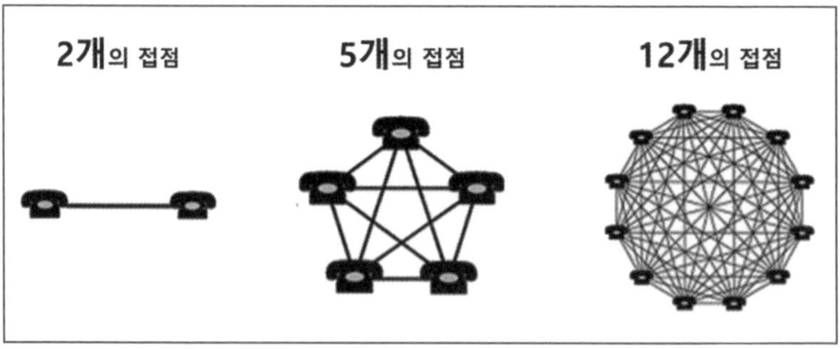

처음 두 대의 전화기, 즉 접점Node이 있는 상태에서는 단지 1개의 연결가능성(네트워크 연결 수)이 존재한다. 접점이 5개가 되면 연결가능성은 n(n-1)/2의 간단한 방정식을 적용하여 계산하면 10개가 되는 것을 확인할 수 있다. 이것이 12의 접점이 되면 그 연결가능성 66개가 된다. 단순히 계산해보더라도 접점이 2개에서 5개로 증가할 때 접점의 증가율은 150% 증가하였지만, 연결가능성은 900% 증가한 것을 볼 수 있다. 또한, 접점이 5개에서 12개로 증가할 때 접점의 증가는 140% 증가한 반면, 연결가능성은 560% 증가하였다. 이렇게 단지 하나의 접점이 증가함으로써 그 연결가능성은 더욱 증가하여 네트워크 효과를 발생시킬 수 있는 것이다.

이러한 네트워크 효과에 대한 이론은 멧칼프가 통신사업을 진행하면서 증명했을 뿐만 아니라, 최근에는 비트코인과 같은 가상화폐 시장에서도 적용되고 있다. 비트코인 이용자 수가 증가할수록 효용이 높아지고 그 가치도 증가한다고 보는 것으로, 실제로 비트코인의 이용자가 크게 늘어나면서 비트코인의 가격도 기하급수적으로 상승한 것을 확인할 수 있다. 비트코인 및 이더리움 등의 암호화폐 또한 일종의 네트워크이므로 결국 멧카프의 법칙에 따라 사용자(접점) 수가 많아질수록 코인(네트워크)의 가치가 높아지는 것이다.

③ 리드의 법칙 - Reed's Law

리드의 법칙은 네트워크 접점Node을, 보다 정확하게 표현하자면 네트워크의 사용자를 중심으로 네트워크의 가치를 측정한다는 개념에서는 멧칼프의 법칙과 동일하다. 하지만, 리드의 법칙에서는 멧칼프의 법칙에서 제시한 개념보다 한 발 더 나아가 '그룹'이라는 개념을 추가하였다. 여기서 말한 '그룹'이란 전체 네트워크 상에서 모든 사용자 간 연계되는 것이 아니라 특정 관계가 있는 사용자끼리만 관계를 맺고 그 안에서 협력Collaboration이 발생한다는 개념으로, 네트워크 상에서의 하나의 집단을 의미한다고 볼 수 있다. 리드의 법칙의 기본적인 개념은 네트워크 가치는 사용자 수가 N일 때 2의 N승에 비례한다는 것이다. 예를 들어 사용자가 10명인 네트워크라면 2^{10}인 1,024개의 네트워크 효과가 발생할 수 있고, 이러한 네트워크에서는 서브그룹이 1,024개가 발생할 수 있다는 것이다. 여기서 중요한 것은 실제 그만큼의 서브그룹이 반드시 생긴다기보다는 가능성이 있다는 잠재적 수준을 의미한다. 실제 이러한 개념은 트위터나 페이스북과 같은 SNSSocial Network Service의 네트워크 가치와 영향력을 설명할 때 주로 사용되는 개념이다.

지금까지 네트워크 가치를 평가하는 3대 법칙에 대해 살펴보았다. 사노프의 법칙에서는 방송 미디어 경우처럼 네트워크 가치는 시청자 수에 비례하여 발전한다고 보았다. 이러한 개념은 멧칼프에 의해 발전하였으며, 전화, 이메일과 같이 접점이 늘어날수록 그 네트워크의 크기도 기하급수적으로 늘어나는 네트워크 가치 개념으로 확장되었다. 사노프의 법칙과 가장 큰 차이점은 상호작용의 개념이 추가된 것이다. 최근에는 SNS와 같은 개인 간 그룹의 개념을 추가한 리드의 법칙이 있으며, 우리가 상상할 수 없을 정도의 네트워크 효과가 발생할 수 있음을 증명하였다. 이러한 3가지 네트워크 개념을 정리하면 다음과 같다.

디지털 네트워크 3대 법칙

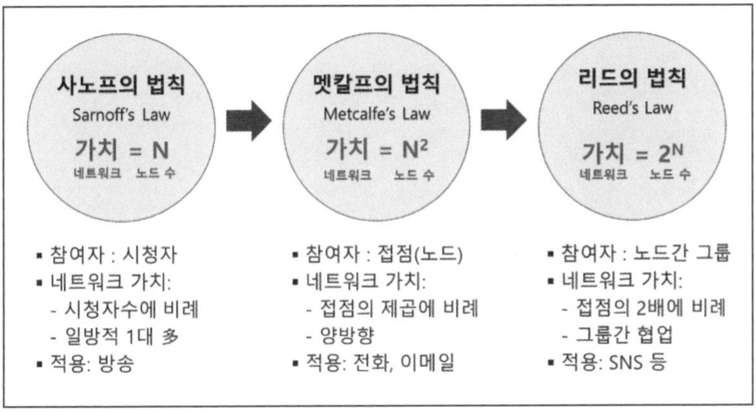

우리가 여기서 반드시 알아야 할 것은, '사노프의 법칙', '멧칼프의 법칙' 그리고 '리드의 원칙'이 각각 어떠한 특징이 있고 네트워크 가치를 평가하는데 어떤 산정식을 사용하는지 이해하는 것이 아니다.

플랫폼 비즈니스의 근간이 되는 네트워크의 개념과 그 가치 그리고 영향력이 어떻게 기하급수적으로 증가하는지를 이해하고, 우리가 앞으로 개발하는 플랫폼 비즈니스에 이러한 네트워크 효과를 어떻게 적용할 수 있을 것인지 생각해 보는 것이 가장 중요하다.

II.

플랫폼 비즈니스 모델 디자인

II.

플랫폼 비즈니스 모델 디자인

우리는 앞선 장에서 플랫폼 비즈니스가 무엇이고 플랫폼 비즈니스에는 어떤 유형이 존재하는지 그리고 각 유형별로 어떠한 차이점이 있는지 살펴보았다. 특히 디지털 경제를 가능케 하는 디지털 기술과 세 가지 네트워크 법칙 또한 확인하였다.

본 장에서는 이러한 이해를 바탕으로 플랫폼 비즈니스를 실제 만들어가는 측면에서 B2B Business to Business 와 B2C Business to Customer 의 관점으로 어떻게 하면 플랫폼 비즈니스를 접목하고 개발할 수 있는지를 중심으로 고민해보고자 한다. 이것은 기본적으로 '비즈니스 모델 캔버스 Business Model Canvas'를 기반으로 진행할 예정이다. 특히, 현장에서 B2B 기반의 플랫폼 비즈니스 모델을 실제 개발했던 필자의 경험을 바탕으로 설명하고자 하며, 이러한 사례 중심의 설명은 본 도서가 갖는 가장 큰 특징이 아닐까 생각한다. 물론, 필자의 경험이 모든 비즈니스 환경에 반드시 접목할 수 있다고 생각하지는 않는다. 다만, 필자의 경험을 바탕으로 각자의 비즈니스 환경에 접목하여 새로운 아이디어를 낸다면 더욱 개선된 비즈니스 모델이 되지 않을까 생각한다.

아마도 많은 분들이 '비즈니스 모델Business Model'이라는 단어를 많이 듣고 그리고 자주 사용했을 것이라 생각한다. 필자 또한 조직에서 이 '비즈니스 모델'이라는 단어에 강박관념이 생길 정도로 강요를 받으며 많은 고민을 하고 있다. 최근에는 디지털 트랜스포메이션Digital Transformation을 기반으로 플랫폼 비즈니스를 어떻게 진행해야 할 것인지에 대해 많은 사람들이 고민하고 있는 것 또한 사실이다. 하지만 이러한 고민은 최근에 관심을 갖게 된 새로운 것은 아니다. 1990년대부터 2000년대 초반까지 닷컴 붐의 광풍이 전세계에 휘몰아치면서 수많은 벤처, 스타트업 기업들이 투자자를 설득하기 위해 '비즈니스 모델'을 제시하였다. 이 '비즈니스 모델'을 설명하기 위해 각자 생각한 문서양식과 프레임 그리고 설명자료를 사용하였지만, 내용상 공통된 것은, 사업모형을 설명하고 수익을 어떻게 만들 것이며, 그리고 기업의 가치는 또한 어떻게 창출할 것인지를 담고 있었다. 하지만 해당 '비즈니스 모델'을 설명하는 기업마다 양식이 상이하고 표현하고자 하는 내용 자체가 조금은 차이가 있다 보니, 다소 모호하고 정확히 전달되지 않았던 경향이 많았다. 알렉스 오스터왈더Alex Osterwalder는 이러한 문제를 해결하기 위해 관련 자료와 기업인 그리고 관련 전문가들을 인터뷰하여 2000년대 중반 '비즈니스 모델 캔버스Business Model Canvas'를 개발하였다.

비즈니스 모델 캔버스 - Business Model Canvas

비즈니스 모델 캔버스는 9개의 핵심요소로 구성되어 있으며, 비즈니스 모델을 한눈에 이해할 수 있도록 만든 그래픽 템플릿Graphic Template이라고 할 수 있다. 사실, 이러한 9가지의 핵심요소는 완전히 새로운 개념은 아니며, 우리가 조직생활을 하고 프로젝트를 추진할 때에도 흔히 고민하는 것들이다.

막연하게 고민해야 할 중요한 요소에 대해 하기와 같이 도식화하여 개념화함으로써, 각 요소별로 자신의 생각을 빠르게 정리할 수 있다는 장점 때문에 사업을 기획할 때뿐만 아니라 사업을 평가할 때에도 체크리스트로 활용할 수 있다는 장점이 있다. 또한 다른 관련된 구성원과의 커뮤니케이션에서도 매우 효과적으로 활용

비즈니스 모델 캔버스

핵심 파트너십 ❽
KP: Key Partnerships

- 핵심활동 중 외부 파트너를 통해 수행되는 활동
- 외부자원도 포함된 개념
- 비경쟁자들 간의 전략적 동맹관계
- 일종의 공급자-구매자 관계

핵심활동 ❼
KA: Key Activities

- 오른쪽 ①~⑤을 실현하기 위해 조직이 행하는 활동
- 비즈니스 모델의 유형에 따라 상이

핵심자원 ❻
KR: Key Resources

- 오른쪽 ①~⑤을 실현하는데 필요한 자원
- 물적 자원뿐만 아니라 지적 자산 및 인적자산도 포함
- 비즈니스 모델의 유형에 따라 상이

가치 제안 ❷
VP: Value Propositions

- 고객이 처한 문제를 해결해 주기 위한 상품이나 서비스
- 고객 세그먼트별 명확한 구분 및 그에 따른 가치정의
- 고객 그룹에 따라 상이 가능

고객관계 ❹
CR: Customer Relationships

- 고객 세그먼트별 각각의 특징을 고려하여 어떠한 관계를 맺을 건인지에 대한 정의
- 개별적 방식과 자동화된 방식 모두 포함

채널 ❸
CH: Channels

- 조직이 제공하는 가치제안을 고객에게 제공하기 위한 물류, 통신 등의 전달방법
- 5개 요소 : 이해도, 평가, 구매, 전달, 판매 이후

고객 세그먼트 ❶
CS: Customer Segments

- 조직이 만든 상품 혹은 서비스를 제공하는 대상
- 하나 이상의 고객 그룹 존재
- 고객 그룹에 따라 자원, 채널, 가치 등이 상이

비용구조 ❾
CS: Cost Structure

- 비즈니스 모델의 여러 구성요소를 수행할 때 소요되는 모든 비용
- 비즈니스 모델의 비용 구조는 '비용 주도형'과 '가치 주도형'으로 구분
- '비용 주도형'은 최소 비용구조를 중심으로 비즈니스를, '가치 주도형'은 비용보다는 가치창출에 초점을 맞추는 비즈니스를 의미

수익원 ❺
RS: Revenue Streams

- 조직이 제시한 가치제안이 성공했을 때 고객 세그먼트로부터 얻게 되는 수익 (현금 등의 가치)
- 수익은 수입에서 비용을 제외한 것
- 1회성 및 연속성 수익 모두 포함

할 수 있다.

우선, 비즈니스 모델 캔버스의 9가지 핵심요소에 대해 간단하게 살펴보자.

① 고객 세그먼트 - CS: Customer Segments

조직이 만든 상품 혹은 서비스를 제공하는 대상으로 하나 이상의 고객 그룹을 의미

② 가치 제안 – VP: Value Propositions

고객이 처한 문제를 해결해주고 원하는 욕구를 만족시키기 위해 상품이나 서비스를 제공해주는 행위를 의미

③ 채널 – CH: Channels

조직이 제공하는 가치제안Value Propositions을 고객에게 제공하기 위한 물류, 통신 등의 전달방법을 의미

④ 고객관계 – CR: Customer Relationships

고객 세그먼트Customer Segments별 각각의 특징을 고려하여 어떠한 관계를 맺을 건인지에 대한 방법을 의미

⑤ 수익원 - RS: Revenue Streams

조직이 가치제안Value Propositions이 성공했을 때, 고객 세그먼트Customer Segments로부터 얻게 되는 수익을 의미

⑥ 핵심자원 – KR: Key Resources

①~⑤을 실현하는데 필요한 자원을 의미하며, 물적 자원뿐만 아니라 지적자산 및 인적자산도 포함

⑦ 핵심활동 – KA: Key Activities

①~⑤을 실현하기 위해 조직이 행하는 여러 유형의 활동을 의미

⑧ 핵심 파트너십 – KP: Key Partnerships

핵심활동 중 외부 파트너를 통해 수행되는 활동을 의미하며, 외부자원도 포함된 개념

⑨ 비용구조 – CS: Cost Structure

비즈니스 모델의 여러 구성요소를 수행할 때 소요되는 모든 비용을 의미

이러한 비즈니스 모델 캔버스의 구성에는 큰 특징이 하나 있는데, '②가치제안'을 중심으로 왼쪽과 오른쪽 두 부분으로 구분된다는 것이다. 먼저 오른쪽 부분은 우리 우뇌와 같은 감성, 즉 '고객

을 위한 가치'를 중심으로, 왼쪽 부분은 우리 좌뇌와 같은 논리, 즉 '조직의 효율성'을 중심으로 구성되어 있다. 먼저 우측영역부터 확인해보자.

비즈니스 모델 캔버스 – 고객가치 영역

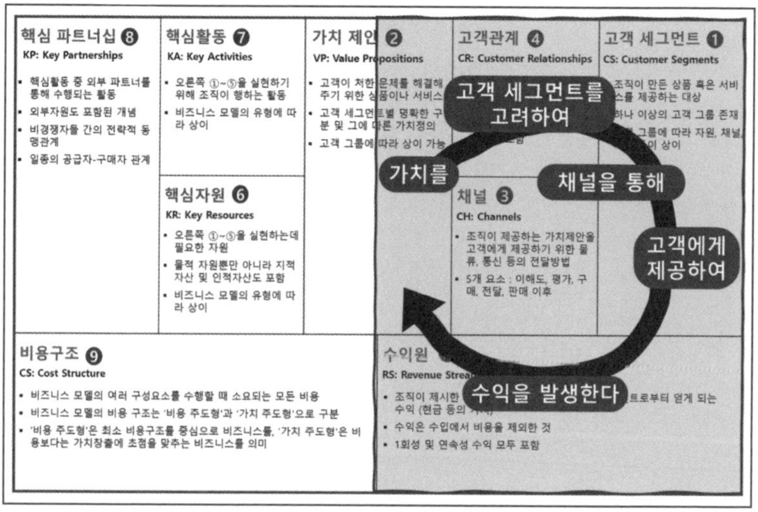

오른쪽 부분은 기업이 고객에게 가치를 어떻게 제공하여 수익을 발생시킬 것인가를 중심으로 구성되어 있다. 따라서, 고객을 유형별로 정의하고 각각의 고객 유형별로 어떠한 채널을 통해 얼마만큼의 수익을 발생할 것인가를 고민하게 된다. 오른쪽 영역에 구성된 5가지 영역은 시계방향으로 구성되며 컨텐츠의 흐름을 나타낸다.

왼쪽 부분은 기업이 가치를 어떻게 만들 것인가에 대해 고민하는 영역에 해당된다. 하나의 사업을 진행하는 데 있어서 모든 프로세스와 역할을 혼자 할 수 없기 때문에, 어떤 외부 파트너와 얼마만큼의 비용을 투입하여, 그리고 핵심자원 및 핵심활동을 활용하여 어떠한 가치를 고객에게 제시할 것인가를 고민하는 영역이다.

비즈니스 모델 캔버스 – 조직효율성 영역

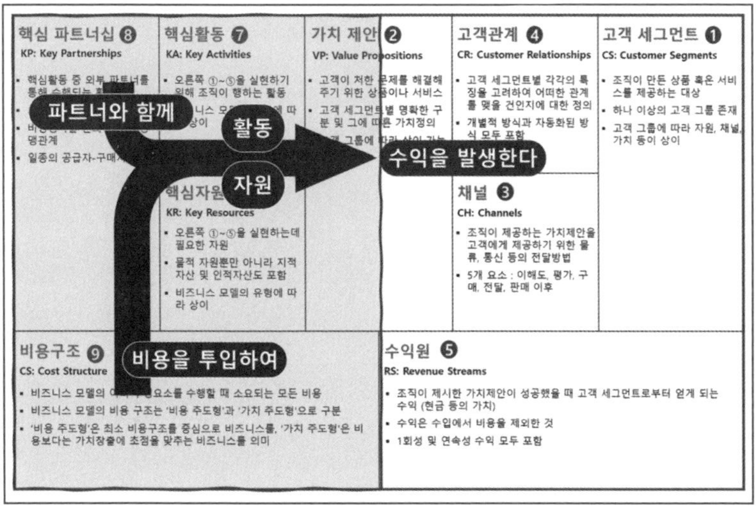

이러한 비즈니스 모델 캔버스는 두 가지 특징이 있다. 먼저 캔버스에서 왼쪽 영역이든 오른쪽 영역이든 상관없이 각각의 요소들은 모두 독립된 요소가 아닌 유기적인 연결구조를 갖고 있다는 것이다. 가치가 바뀌거나, 고객 세그먼트가 변경된다면 나머지 8개 핵심요소 또한 그에 맞춰서 변경되게 된다. 따라서 하나의 비즈니스 모델을 기준으로 고객 세그먼트별로 각각의 모델을 개발할 수 있으며, 실제 사업을 진행할 때에는 해당 세그먼트별로 따로 관리를 해야 한다. 상식적으로 생각을 해봐도, 내가 마켓형 플랫폼에서 자전거를 판매하는 유통업자라면, 고객이 학생일 때, 직장인일 때 그리고 운동선수일 때 다른 전략을 고민하는 것은 당연해 보인다. 학생과 직장인 그리고 운동선수에게 동일한 가치를 제공한다면 반대로 모든 고객에게 선택을 받지 못할 확률이 높기 때문이다.

또 다른 특징은 9가지 핵심요소 중 모든 요소에 대해 같은 수준으로 상세화하여 작성할 수 없다는 것이다. 어느 요소는 상세적으로 기술할 수 있으나, 어떤 요소는 더 이상의 상세내용이 없는 경우가 있다. 이러한 경우에는 굳이 더 많은 고민을 하기보다는 사업을 진행하면서 지속적으로 보완하는 것이 더 효율적이다.

이러한 비즈니스 모델 캔버스는 비즈니스 모델의 기획단계에서 특히 매우 유용하며, 논리적 사고의 흐름을 고려하여 ①~⑨번까지 번호 순서대로 고민하기를 추천한다.

디지털 플랫폼 모델의 개발

플랫폼 비즈니스를 기반으로 하는 사업모델을 기획하는 단계에서 가장 중요한 것은, 기존 파이프라인 비즈니스 중심의 사고방식에서 반드시 벗어나야 한다는 것이다. 기존 전통적인 사업방식에서는 가치사슬을 중심으로 고객에게 인도되는 최종 상품에 대해 경쟁력 있는 가격과 좋은 품질을 제공하는 것을 목표로 한다. 따라서 생산 및 유통과정에서의 각 단계별 '효율화'가 가장 중요하다. 하지만, 플랫폼 비즈니스에서의 가장 중요한 요소는 '네트워크를 통한 상호작용'이다. 이러한 상호작용의 결과물이 설사 직접적으로 발생하는 '돈'이 아닌, 개인 간의 정보교환이라고 하더라도 플랫폼에 참여하는 개인간 활동성을 확보하는 것이 가장 중요하다. 기존 전통적인 비즈니스와 플랫폼 비즈니스가 이러한 차이가 있다고 하더라도, 사업을 추진하는 전반적인 프로세스를 살펴보면 두 비즈니스가 동일한 방식으로 진행된다. '비즈니스를 설계'하고 '사업을 위한 시스템을 구축'한 후 '사업을 추진'한다는 사업추진 과정의 3단계 측면에서 본다면 두 비즈니스 모델이 유사하기 때문이다.

비즈니스 모델 개발 과정

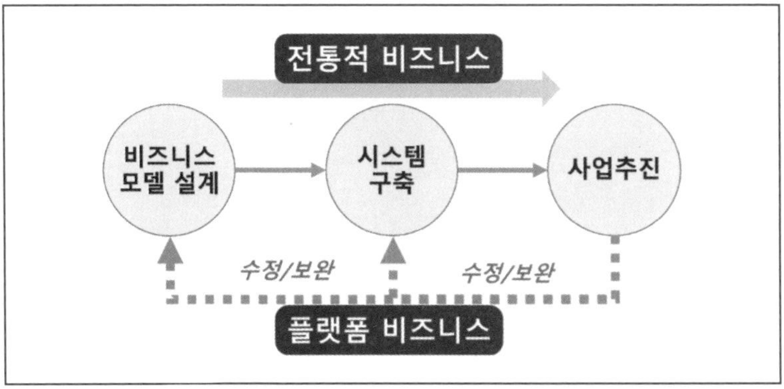

우선, '비즈니스 모델 설계' 단계에서는 어떠한 상품을 어떻게 만들어서 판매할 것인지, 그리고 어떻게 수익을 만들어 낼 것인지를 기획하는 단계이다. 전통적인 파이프라인 기업이라면 어떤 상품 혹은 서비스를 만들어 고객에게 제공할 것인지를 고민하고, 플랫폼 비즈니스의 경우라면 어떤 상품 혹은 서비스를 중개하여 네트워크를 만들 것인지를 기획하게 된다. 두 번째인 '시스템을 구축' 단계에서는, 전통적인 파이프라인 기업에서는 생산라인을 만들고 생산관리시스템MES: Manufacturing Execution Systems 및 전사적 자원관리ERP: Enterprise Resource Planning 등을 구축하는 것을 의미하겠지만, 플랫폼 비즈니스에서는 플랫폼 그 자체를 구축한다고 볼 수 있다. 가장 큰 차이점은 바로 세 번째 단계인 '사업추진' 부분이다. 파이프라인 기업에서는 '효율화'를 바탕으로 일방향One-Way으로 고객에게 가치를 제공하지만, 플랫폼 비즈니스에서는 모든 시스템과 비즈니스 모델을 고객의 피드백을 바탕으로 지속적으로 수정/보완한다. 즉, 사업추진을 위한 모든 전략이 플랫폼과 비즈니스 모델 속으로 들어가는 것이다. 이러한 이유는 간단하다. 바로 '상호작용'이 플랫폼 비즈니스에서 가장 핵심적인 요소이기 때문이다. 대표적인 사례가 카카오 모빌리티라고 할 수 있는데, 카풀 서비스가 사회적 이슈 가 되면서 카풀 서비스를 접고 사회적 합의과정을 통해 '가맹사업 형 플랫폼 택시 서비스' 형태로 비즈니스 모델을 수정/보완하여 서비스를 런칭하였다. 만약 카카오 모빌리티가 타다

처럼 자신의 기존 비즈니스 모델에 집착했다면, 지금과 같은 시장 지배사업자는 못되었을 것이다. 그것이 설사 혁신적인 사업모델이라고 하더라도 사회적 이슈가 된다면 과감히 비즈니스 모델을 수정/보완해야 한다. 주의해야 할 것은 비즈니스를 진행하는데 있어서 기술관점에서 판단하면 안 된다. 기술은 플랫폼 참여자들과 상호작용을 만들어주는 하나의 도구일 뿐이다. 기술을 중심에 두는 순간 그 기업은 더 이상 플랫폼 사업자가 아니다. 또한 기술전략을 고려한 시스템의 2~3년 로드맵Technical Roadmap을 수립하여 체계적으로 비즈니스에 반영한다는 것도 아무런 의미가 없다. 필자의 개인적인 생각을 보다 정확히 표현하자면, 이러한 기술 로드맵은 '쓸데없는 짓'이라고 할 수 있다. 최근 오픈소스Open Source 기반의 최신기술이 6개월이 멀다 하고 쏟아져 나오는 상황에서 어떻게 2~3년 뒤의 기술 로드맵을 그릴 수 있단 말인가? 실제 필자가 속한 기업에서도 컨설턴트를 투입하여 플랫폼 개발의 기술 로드맵을 매우 긴 시간을 들여 정교하게 작업한 적이 있었다. 하지만, 6개월이 지난 시점에서 그 어느 누구도 그 기술 로드맵을 들쳐보지도 않는다. 이미 새로운 기술이 나오고 있고 시장에서 원하는 또 다른 기술이 있기 때문이다. 고객의 피드백을 받아 플랫폼과 비즈니스 모델을 수정/보완할 때 필요한 최신 기술을 그때그때 도입하면 된다. 기술, 그것은 단지 도구일 뿐이다.

Chapter 1

B2B[Business to Business] 시장에서의 플랫폼 비즈니스 모델 개발방안

영업활동은 그 대상을 기준으로 일반적인 소비자Customer를 고객으로 하는 B2CBusiness to Customer 비즈니스와, 기업Enterprise을 대상으로 하는 B2BBusiness to Business 비즈니스로 구분된다. 이것이 의미하는 것은, B2B와 B2C 비즈니스에서의 고객은 상품 또는 서비스를 구매하는 이유와 목적이 각각 상이하다는 것을 말한다. 따라서 영업Sales을 하는 입장, 비즈니스를 하는 입장에서는 해당 목적에 맞게 업무를 추진하는 것은 너무나 당연해 보인다. 예를 들어, 일반 소비자가 고객인 경우(B2C)인 경우에 어떠한 상품을 구매했다면, 그것은 논리적 이유가 있다기보다는 개인적인 충동과 감정 그리고 필요성에 의한 행동일 수 있다. 하지만 기업이 고객인 경우에는 개인적 감정은 존재하지 않으며, 오로지 논리적 판단과 객관적 사실에 의해 행해진다. 예를 들어 해당 조직의 업무생산성을 향상시키거나, 불필요한 비용을 줄이고 또는 예상되는 이슈를 해결하기 위해서 말이다.

본 장은 두 개의 챕터로 구성되어 있으며, 본 챕터에서는 B2B를 중심으로 플랫폼 비즈니스를, 다음 챕터에서는 B2C를 중심으로 하는 플랫폼 비즈니스를 어떻게 적용하고 진행해야 하는지를 고민해보고자 한다.

B2B 플랫폼 비즈니스의 이해

앞에서 언급한 바와 같이 B2B 약자는 '기업 대 기업'의 약자로 최종 사용자End User와 무관하게 기업 간 상품 또는 서비스가 거래되는 비즈니스를 말한다. 글로 읽으면 그 개념이 어렵게 느껴질 수 있지만, 실제 우리 주변에서 흔히 발생하는 비즈니스 형태라고 할 수 있다. 단순한 예시 하나를 들자면, 어떤 한 가구 브랜드가 기업에 책상을 납품한다면 B2B 비즈니스에, 일반 소비자에게 판매한다면 B2C 비즈니스에 해당하는 것이다. 이러한 B2B 비즈니스 개념은 플랫폼 비즈니스에서도 적용될 수 있으며 그 개념은 다음과 같다.

먼저 B2B 플랫폼 비즈니스는 최종 고객에게 상품 또는 서비스

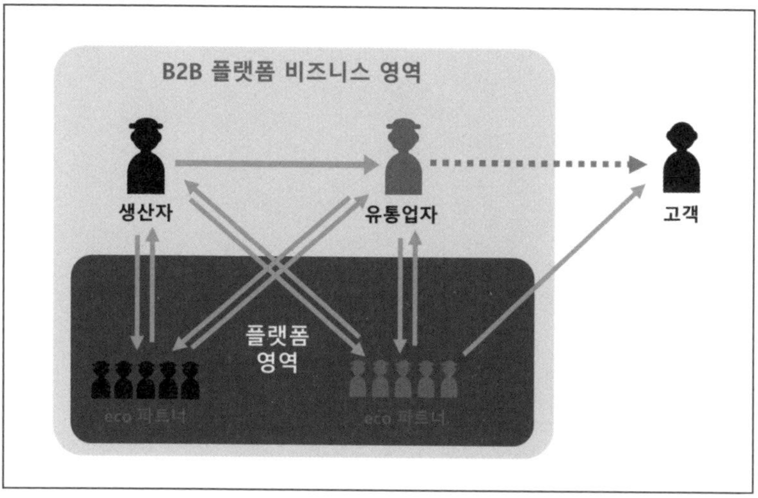

가 인도되기 전까지가 그 영역에 해당된다. 생산자 입장에서는 제품을 생산하기 위해 여러 원자재와 인력이 필요할 텐데, 이러한 부분을 모두 직접 구매하여 제품을 생산하는 것이 아니라, 외부에 위탁을 통해 생산할 수도 있다. 생산된 제품은 플랫폼 기반의 유통과정을 통해 고객에게 제공된다. 또한, 유통업자의 경우라면 고객에게 제공되는 제품을 생산자에게 직접 받을 수도 또는 생산자와 연계된 eco 파트너로부터 받을 수도 있다. 반대로 유통업자의 eco 파트너 또한 생산자로부터 상품 또는 서비스를 받아서 고객에게 직접 제공할 수 있다. B2B 플랫폼 비즈니스를 다소 복잡하게 설명한 것 같은데, 쉽게 말해서 위 그림에서와 같이 상품 혹은 서비스를 생산하고 유통하는 과정에서 관련된 모든 주체들과 서로 연결된 비즈니스 구조라고 이해하면 좋을 것 같다. 참고로 여기서 언급한 eco 파트너는 '플랫폼에 참여하여 하나의 비즈니스 생태계를 만들어가는 구성원(참여자)'이라고 할 수 있는데, 뒤에서 좀 더 상세히 설명할 예정이다. eco 파트너의 수와 그들의 활동량은 곧 플랫폼 상호작용의 정도를 나타낸다고 볼 수 있다.

B2B 플랫폼 비즈니스의 가장 큰 특징은 생산자 혹은 유통업자가 자신의 영업적 필요성에 의해 플랫폼 비즈니스를 직접 만들어 참여하게 되며, 따라서 플랫폼 안에서 플레이어로써의 역할과 함께 플랫폼을 운영하는 역할 또한 하게 되는 경우가 많다. 우리가 앞에서 살펴봤던 쿠팡, 아마존, 페이스북과 같은 플랫폼들은 모두 B2C 플랫폼 사례에 해당하며, 이러한 기업은 단지 플랫폼을 운영할 뿐 상품이나 서비스를 직접 생산해내지 않는 것과 그 개념에서 대비된다고 볼 수 있다.

B2B 플랫폼 비즈니스의 추진 방향성

B2B에서 플랫폼 비즈니스를 적용하고자 하는 이유는 무엇일까? 사실 그 이유는 매우 명확하다. 기업의 입장에서는 플랫폼 비즈니스 그 자체가 '사업의 목적'이 될 수 없으며, 플랫폼을 통해 말 그대로 돈을 더 많이 벌기 위함일 것이다. 즉, B2B에서의 플랫폼

은 단지 수단일 뿐 그 이상도 이하도 아닌 것이며, B2B에서 플랫폼 비즈니스를 통해 얻고자 하는 것은 다음의 세 가지 경우 안에 있다고 볼 수 있다.

첫 번째로는 '생산성 향상'이다. 생산과정이든 유통과정이든 파이프라인 기업의 입장에서는 업무가 비효율적으로 운영되고 있고, 이것을 해결하기 위해 플랫폼을 활용하려는 경우이다. 제품의 생산과정이 10단계로 구성되어 있다면, 우선 이 모든 과정을 직접 진행할 필요가 있는지 판단해야 한다. 만약 플랫폼을 통해 그 과정이 단축된다면 업무 효율성을 위해 플랫폼을 적용할 가치가 있는 것이다. 또한 생산자 입장에서 기존 유통업자를 통해 고객에게 인도되는 과정에서 문제가 있다고 가정한다면, 이러한 경우에도 유통업자를 플랫폼으로 연계하여 다양한 유통업자를 통해 보다 많은 고객에게 상품 또는 서비스를 제공할 수 있을 것이다.

두 번째는 '비용절감'이다. 첫 번째 목적은 생산 및 판매와 관련하여 현재의 문제를 극복하여 어떻게 하면 생산량을 확대할 수 있을까를 기준으로 고민했다면, '비용절감'은 생산량 또는 판매량의 증가보다는 현재의 상태에서 생산량 또는 판매량을 유지하더라도 비용을 줄여 어떻게 하면 이익을 높일 수 있을까에 대한 고민에 해당한다. 플랫폼 비즈니스를 한다는 것은 결국 하나의 파이프라인이 아닌 여러 기업과의 연계를 만든다는 것이므로 불필요한 비용을 줄일 수 있다는 것은 분명해 보인다.

B2B에서 플랫폼 비즈니스 적용을 통해 얻고자 하는 마지막 방향성은 '리스크 및 이슈의 제거'이다. '비용절감'과 마찬가지로 비즈니스를 진행하는 데에 있어서, 다양한 연결성을 가져 간다는 것은 결국 예상되는 리스크 및 이슈를 분산시키는 효과를 얻을 수 있다.특정 어느 한 협력업체와의 긴밀한 의존적 연계가 장점이 될 수도 있겠지만, 만약 그러한 관계에서 문제가 발생한다면 해결할 방법을 찾아내기 쉽지가 않다. 물론, 여러 연결성을 가져간다는 것은 반대로 관리비용이 증가할 수 있는 가능성 또한 존재한다. 따라서, 해당 조직의 경영전략을 고려하여 여러 요소 중 어느 요소를 더 중요하게 고려할지를 판단하여 결정해야 한다.

B2B 플랫폼 비즈니스 사례

B2B 시장에서의 플랫폼 비즈니스에 대해 설명을 하였지만, 아마도 여러 독자가 매우 막연하게 들릴 것 같다는 생각이 들어, 보다 구체적인 몇 가지 사례를 통해 이해를 높이고자 한다.

첫 번째 사례는 기업용 솔루션과 관련한 플랫폼 비즈니스이다. 최근 '플랫폼'이라는 단어가 유행을 하면서, 실제 의미와 상관없이 다양한 산업에서 광범위하게 사용되고 있다. 기업용 솔루션에서도 이러한 유행에 편승하기 위해 '솔루션'이라는 단어보다는, '플랫폼'이라는 단어를 사용하는데, 대표적인 사례가 '빅데이터 플랫폼', '인공지능 플랫폼' 등이 이에 해당된다. 이러한 제품들은 모두 오픈소스Open Source를 바탕으로 만들어진다. 잘 알고 있다시피, 오픈소스란 공개 소프트웨어를 말하며 저작권자가 소스코드Source Code를 무료로 공개하여 특별한 제한 없이 누구나 복제, 수정할 수 있는 소프트웨어를 말한다. 이러한 장점을 지닌 오픈소스는 단점 또한 명확한데, 소스코드에 문제가 있는 경우 책임을 지지 않으며, 그리고 업무나 서비스에 바로 적용할 수 있을 만큼 친절하고 안정적인 지원을 해주지 않는다는 것이다. 따라서 이러한 문제를 해결하기 위해 여러 기업들이 오픈소스를 바탕으로 상용제품Commercial Products을 개발하여 판매를 할 뿐만 아니라, 기존 오픈소스의 관리를 위한 서비스를 제공하고 있다. 이러한 상황을 플랫폼 비즈니스 관점에서 생각해보면, 오픈소스라는 플랫폼을 바탕으로 비즈니스의 생태계를 구성하여 새로운 시장을 만들고 있다고 볼 수 있다. 일종의 공유형 플랫폼이 변형된 또다른 유형이라고 할 수 있으며, 특정 자산Asset을 활용하여 개작Alteration하거나, 해당 자산을 관리해주는 서비스를 제공함으로써 플랫폼 비즈니스를 형성하고 있는 것이다. 이러한 '개작'은 제품 생산단계에서의 플랫폼 비즈니스라고 한다면, '관리 서비스'는 유통단계를 중심으로 한 플랫폼 비즈니스라고 할 수 있다.

기업용 솔루션의 B2B 플랫폼 비즈니스

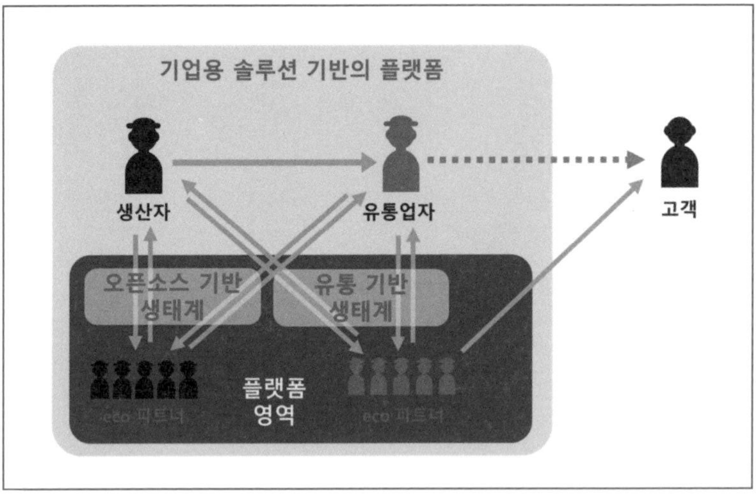

예를 들어, 많은 투자를 통해 빅데이터 분석 플랫폼을 개발한 기업이 있다고 가정해보자. 이 기업은 최대한 빠른 시간 내에 손익분기점BEP: Break-Even Point을 넘겨서 돈을 벌기 원할 것이다. 따라서 다양한 유통 생태계를 원할 것이고, 여러 벤더사Vendor(제조사)가 그러하듯 총판Distributor과 리셀러Reseller 체계를 만들어 전국 영업망을 만들고 싶을 것이다. 또 다른 형태의 유통 생태계로는 제품 간 결합을 통한 새로운 제품을 만들 수도 있다. 이러한 방식은 벤더사에서 개발한 제품을 그대로 시장에 유통하는 것이 아니라, 유통할 업체가 기존에 자신들이 이미 보유하고 있던 제품과 벤더사의 제품을 결합하여 하나의 새로운 제품을 만들어 판매하는 경우이다. 또는 단지 이름만 새롭게 하여 마치 자사의 제품처럼 판매를 할 수도 있다. 이러한 다양한 활동은 유통과정에서의 생태계를 새롭게 만들어 플랫폼 비즈니스를 진행하는 경우에 해당된다. 벤더사 입장에서 이렇게 유통단계에서의 플랫폼 비즈니스 체계를 적용하는 이유는 간단하다. 벤더사 스스로 전국 영업망을 구축할 경우, 많은 직원과 고객 모두를 관리한다는 것이 현실적으로 불가능하다는 것을 잘 알고 있고, 무엇보다 전국 영업 네트워크를 만드는 데 소요되는 시간 그리고 설사 전국 영업 네트워크를 만들었다고 하더라도 실질적인 성과가 있을 것인가에 대한 의문이 있기 때문이다. 플랫폼 비즈니스는 이러한 고민을 해결해 줄 수 있는 하나의 방안이 될 수 있는 것이다.

두 번째 사례는 클라우드Cloud 사업이다. B2B 플랫폼 비즈니스라는 단어는 생소하게 느껴지는 독자가 대부분이겠지만, '클라우드 사업'이라는 단어는 아마도 많은 독자가 잘 알고 있으리라 생각된다. 클라우드 사업의 기본적인 목적은 큰 비용이 소요되는 IT 인프라를 직접 구성할 필요 없이, 언제 어디서든지 필요한 만큼 손쉽게 IT 환경을 서비스해주는 것이다. 서비스는 크게 세 가지로 구분되며 IaaSInfrastructure as a Service, PaaSPlatform as a Service, SaaSSoftware as a Service가 이에 해당된다. 각 서비스를 간단하게 설명하면, IaaS는 고객에게 서버, 네트워크, 스토리지 등의 물리적 자원을 가상화하여 제공하는 서비스를, PaaS는 소프트웨어를 개발하고자 하는 기업에 미들웨어Middleware, 런타임Runtime과 같은 개발환경을 제공해주는 서비스를 말한다. 마지막으로 SaaS가 대표적인 B2B 플랫폼 비즈니스에 해당되는데, IaaS 및 PaaS 위에 다양한 상용 소프트웨어Commercial Software를 설치하여 고객이 쉽게 사용할 수 있도록 IT환경을 지원해준다. 좀 더 플랫폼 비즈니스 관점에서 생각해보면, 클라우드 서비스 사업자CSP: Cloud Service Provider는 소프트웨어 개발업체와 이를 사용하는 고객과 연결해주는 가상의 공간을 제공하여 실제 거래가 발생할 수 있도록 환경을 제공해주는 역할을 하는 것이다.

이러한 클라우드 사업은 사실 최근에 나온 개념은 아니며, 1965년 존 매카시John McCarthy에 의해 처음 제안되었다. 이것은 대용량의 메모리와 고속의 처리속도를 갖은 값비싼 메인프레임 컴퓨터Mainframe Computer 대신에, 여러 사용자가 컴퓨터 자원을 공유하여 나눠 쓰며 사용한 만큼만 비용을 지불하자는 개념이었다. 2006년 아마존에 의해 IaaS 서비스가 처음으로 상용서비스를 시작한 이래 현재 대부분의 빅테크 기업들은 모두 클라우드 사업을 하고 있다. 해외 기업의 경우 구글, 마이크로소프트, 오라클, 알리바바 등이 있으며, 국내 기업의 경우에는 SK, 삼성, LG, 네이버, KT 등 많은 기업들이 클라우드 서비스 사업자CSP: Cloud Solution Provider로 등록하여 영업을 하고 있다. 또한 클라우드 서비스를 제공하지 못하는 중소기업들은 클라우드 컨설팅 및 지원 서비스MSP: Managed Service Provider를 하고 있다.

클라우드 서비스 사업자CSP: Cloud Solution Provider

이렇게 국내외를 막론하고 세계적인 기업들이 클라우드 사업을 하는 이유는, 클라우드 사업이 새로운 성장동력원이 되고 있기 때문이다. 예를 들어 아마존에서 클라우드 사업을 담당하고 있는 아마존웹서비스인 AWSAmazon Web Service는 매출기준으로 아마존 전체 매출인 312조원 중 11%인 34조원에 불과하지만, 영업이익에 기여하는 비중은 전체 영업이익 중 무려 70%가 넘는다고 한다. 매출이 전체 매출에 11%밖에 차지하고 있지 않지만, 영업이익에서는 70%나 된다는 것은 얼마나 아마존웹서비스가 중요한 사업인지를 알 수 있는 대목이다. 우리가 이미 잘 알고 있는 넷플릭스, 배달의민족, 커리 등 사실상 모든 기업들이 클라우드 환경에서 서비스를 제공하고 있다고 볼 수 있다.

B2B 플랫폼 비즈니스의 사업화GTM 전략: 생태계ecosystem 구축

우리는 앞에서 B2B 기반의 플랫폼 비즈니스가 어떠한 특징이 있는지 살펴보았고, 특히 이해를 돕기 위해 구체적인 사례도 확인하였다. 이제 본격적으로 B2B 기반의 플랫폼 비즈니스를 사업화하기 위해서 어떠한 사고가 필요한지, 그리고 어떻게 구체화해야 하는지에 대해 고민해보고자 한다.

수많은 기업들이 플랫폼 비즈니스를 고려하고 있다. 플랫폼 비즈니스에 대한 폭발적 인기로 플랫폼을 기반으로 한 스타트업이 상당수 존재하며, 하나의 아이디어로 크게 성공한 기업도 많다. 이러한 시대적 흐름 때문에, 기존 탄탄한 사업구조를 보유하고 있는 대기업의 경우에도 본인들의 비즈니스에 어떻게 플랫폼 개념을 접목할 수 있을까를 고민하고 있다. 다만, 스타트업 기업과 대기업이 새로운 사업을 진행하는 방식에 다소 차이가 있는데, 어떠한 차이가 있는지 간단하게 살펴보자.

스타트업 기업의 가장 큰 장점은 무엇보다 고객과 시장의 반응에 매우 빠르게 대응할 수 있다는 점이다. 지속적으로 발생하는 실패에 대해 크게 개념치 않고 바로바로 전략을 수정하고 번뜩이는 아이디어를 반영하여 사업을 진행한다. 하지만 이러한 스타트업은 단점 또한 명확한데, 자금력 및 인력의 한계가 상존하고 시장의 인지도가 낮다 보니 이를 극복하는 것이 매우 어렵다. 지금은 배달앱 분야에서 시장 지배사업자인 배달의민족이 초창기에는 시스템을 구축할 여력이 없어 앱으로 등록된 주문을 직원이 직접 매장에 전화를 걸었으며, 쿠팡은 사업 초기 수많은 매장의 할인쿠폰을 받아내기 위해 직원들이 직접 매장을 방문하여 일일이 설득하였다. 시장의 인지도가 낮고 자금력 등의 한계가 있다 보니 어쩔 수 없는 선택이긴 하였다.

하지만, 대기업의 경우는 반대로 자금력과 인력 그리고 시장인지도가 높지만, 새로운 사업에 도전하는 것이 매우 힘든 구조이다. 우선 보고라인이 복잡하다 보니 하나의 의사결정을 내리는데 상대적으로 매우 많은 시간이 소요된다. 담당자는 관련 보고서를 수일에 걸쳐 작성해야 하고, 해당 문서의 기획안이 올바른 방향인지를 검토를 한 후 여러 번의 수정과정을 거쳐 최종 의사결정자에게 보고를 한다. 가장 큰 문제는 최종 의사결정자가 해당 사업에 대한 인사이트Insight가 부족한 경우가 많다 보니 자신의 경험과 이해를 바탕으로 판단함으로써 고객과 시장의 생각을 벗어나는 경우가 많다. 이전 비즈니스에 대한 깊은 이해와 많은 경험이 오히려 새로운 비즈니스를 받아들이는데 큰 걸림돌이 되다고 볼 수 있다. 이외에도 문제 혹은 이슈가 발생했을 때 책임 소재를 따지고, 그에 따른 제재문화에 익숙하다 보니 어느 누구도 새로운 일에 적극적으로 참여하지 않으려고 하는 경향이 있다.

B2B 플랫폼 비즈니스화의 핵심관점

B2B와 B2C에서의 플랫폼 비즈니스는 진행방식에 있어서 매우 큰 차이가 있다. 우선 B2B 플랫폼 비즈니스는 B2C와 비교할 때 핵심 가치관인 '돈'을 벌기 위한 과정이 다르다. 상호작용의 대상이 일반 소비자가 아닌 기업이다 보니 기업의 특성을 타는 것은 너무나 당연하다. 그러다 보니 '돈'을 벌기 위한 마인드, 거래가 발생하기 위한 조건 그리고 경쟁사를 이기기 위한 전략 등에서 B2C 플랫폼 비즈니스와는 큰 차이가 있다.

이러한 차이는 각각 별개로 존재하기보다는 일종의 프로세스 관

플랫폼 비즈니스 추진의 핵심관점

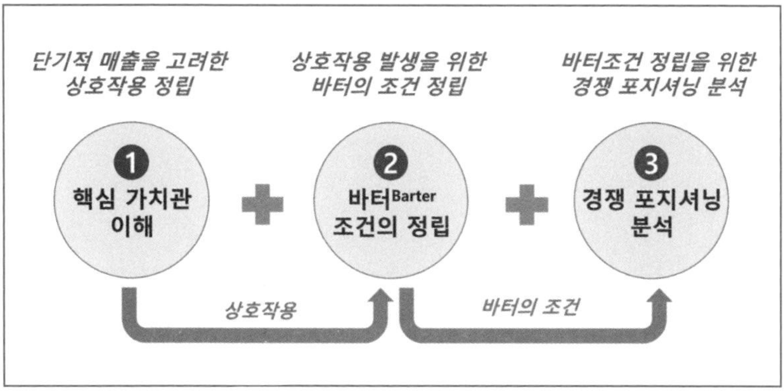

점으로 존재하며 서로 깊은 연관관계가 존재한다. B2B 플랫폼 비즈니스에서의 핵심관점은 오로지 '돈'만을 위한 활동이며, 장기적 매출보다는 단기적 매출에 집중한다. 따라서 사업을 진행하는 단계에서 플랫폼에 참여한 기업 간 서로 무엇을 주고받을 것인가의 '바터의 조건'이 매우 중요하며, 이것은 시장에서 어떠한 경쟁력을 보유하였는가를 바탕으로 이루어지게 된다. 간단히 설명하다 보니 다소 어렵게 느껴지는데, 각각에 대해 하나하나 상세히 살펴보고자 한다.

① 가치관에 대한 이해

B2B와 B2C는 사업의 형태가 다소 상이할 뿐, 플랫폼 비즈니스를 진행하는 기업 입장에서 보면 동일하게 '돈'을 벌기 위해 존재하는 하나의 이익집단이라고 할 수 있다. 하지만, B2B와 B2C의

사업방식에는 중요한 차이점이 하나 있는데, 앞에서 설명한 바와 같이 '돈을 벌기 위한 과정'이 완전히 다르다.

우리가 잘 알고 있는 쿠팡과 같은 B2C 플랫폼 비즈니스에서는 어느정도 시장규모가 있는 상황에서 지배사업자가 되기 전까지는 이익을 내기가 쉽지 않다. 그전까지는 말그대로 돈을 벌기 위한 준비단계에 해당된다. 쿠팡이 로켓배송을 시작한 2014년 이후 8년 만인 2022년 3분기, 무려 8년만에 처음 영업흑자(1,037억)를 기록하였다. 몇 조원을 쏟아부어 로켓배송 물류체계를 만들고 영업이익을 내는데 무려 8년이란 긴 시간이 소요된 것이다. 해외의 플랫폼 비즈니스 사업자 또한 유사하다. 우버는 서비스를 시작한 이후 12년만인 2021년 3분기에 처음으로 영업흑자(2,500만 딜러)를 냈고, 아마존 또한 1995년 영업을 시작한 이래 6년만에 처음으로 영업흑자(509만 달러)를 실현하였다. 영업이익이 가파르게 상승하는 것도 아닌, 단지 처음으로 영업이익을 내는 시점이 서비스를 시작한지 무려 7~8년은 걸린 것이다. 그동안은 투자받은 천문학적인 수 조원의 돈을 쏟아부으며 적자 따위는 신경을 쓰지 않고 오로지 '시장점유율'과 '이용자 확대'만을 생각한다. 말그대로 기업의 생명을 '연명'시키며 플랫폼이 사회에 정착할 때까지 오로지 달리기만 한다.

그럼 B2B에서도 쿠팡, 우버 그리고 아마존과 같이 '돈'을 벌기 위해 오랜 시간 엄청난 규모의 투자를 할 수 있을까? 망설임 없이 명확하게 말할 수 있을 것이다. 말그대로 '불가능'이다. 기존에 탄탄한 사업 모델을 보유하고 있는 파이프라인 기업 입장에서는, 플랫폼 비즈니스를 하기 위해서 오랜 기간동안 투자하여 사업을 진행시킬 기업은 지구상에 단 한곳도 존재하지 않다. 왜냐하면 이미 돈을 잘 벌고 있는 상황에서 플랫폼이라는 불확실한 사업영역에 투자할 이유가 없을 뿐만 아니라, 이미 잘해오던 기존 사업영역에도 안 좋은 영향을 미칠 수 있기 때문이다. 무엇보다 B2C 플랫폼 비즈니스 방식처럼 사업을 진행하기 어려운 가장 큰 이유는 쿠팡, 우버 그리고 아마존 사례처럼 '시장점유율'과 '이용자 확대'를 위해 외부로부터 대규모의 투자를 받을 수 없기 때문이다. 이러한 이유는 B2B 플랫폼 시장에 대한 인지도가 낮은 것도 있지만, B2C 플랫폼 비즈니스만큼 시장규모 자체가 크지 않다고 생각하는 것 또한 한몫 차지한다. 오해하지 말아야 할 것은 대규모 투자를 받고 있는 글로벌 IT기업들은 상품을 제조하는 벤더Vendor사이지, 플랫폼 비즈니스를 진행하는 기업은 아니라는 것이다, 예를 들어 데이터베이스Database의 Oracle, 퍼블릭Public용 데이터 웨어하우스Dataware House의 스노우플레이크Snowflake, 머신러닝Machine Learning 자동화 도구AutoML: Automated Machine Learning의 데이터로봇DataRobot 등의 기업은 벤더사이지 플랫폼 사업자는 아니라는 의미이다.

따라서 플랫폼 비즈니스가 B2B 시장에서 살아남기 위해서는 우선적으로 사업을 유지하기 위해 '돈의 흐름'을 중심으로 진행해야 한다. 향후 플랫폼 비즈니스의 활성화를 고려한 장기적 관점의 접근도 필요하겠지만, 그전에 무엇보다 중요한 것은 단기적인 이익창출이 매우 중요하다. 즉, '돈의 흐름'을 고려하여 지금 당장 발생할 수 있는 매출을 기반으로 플랫폼 참여자 간 상호작용을 만들어야 한다. 하지만, '단기적 매출이익'과 '상호작용'이라는 두 단어는 서로 반대의 의미를 갖는 단어라고 할 수 있다. 왜냐하면 '단기적 매출이익'이라는 단어는, 향후 미래뿐만 아니라 당장 내년의 영업이익도 중요하게 생각하지 않고, 오로지 당장의 상황만을 따지는 의미이지만, '상호작용'이라는 단어는 현재의 상황보다는 오히려 미래의 활성화라는 의미를 담고 있는 단어이기 때문이다. 이렇게 병행할 수 없어 보이는 두 단어이지만, 함께 사용하는 것이 반드시 불가능한 것은 아니라고 생각한다. 그 이유는 '단기적 매출을 고려한 상호작용의 확대'라는 개념으로 접근한다면 충분히 가능하기 때문이다. 조금은 어렵게 들릴 수 있는데 좀 더 쉽게 표현하자면, '현재의 매출발생을 기반으로 플랫폼을 운영하되, 미래의 상호작용 확대를 고려한 구조를 확보한다'라고 할 수 있다. 이것이 B2B를 기반으로 하는 플랫폼 비즈니스의 핵심 가치관이라고 할 수 있다.

② 바터Barter조건의 정립

'바터Barter조건의 정립'을 설명하기 전에, 우선 B2B 비즈니스의 특징부터 살펴보고자 한다. B2B 비즈니스는 기업 간의 거래인만큼 상호 간 필요에 따라 확실한 조건이 성립될 때에만 거래가 발생한다. 세일즈 분야에서는 이것을 바터Barter라고 표현을 하는데, 거래가 발생하기 위해서는 서로 간에 '바터의 조건'이 성립되었을 때, 즉 오로지 서로가 제시하는 조건들이 만족스러울 때만 거래가 발생하는 것이다. 단순한 예로, 휴대폰을 생산하는 기업이 하나의 부품을 선택할 때 여러 기업의 부품을 비교할 것이다. 가격, 성능, A/S, 납품 시기, 기업 신용도 그리고 시장의 평판 등이 그 비교 대상이 될 것이다. 이러한 비교 대상은 사실 해당 기업이 휴대폰을 생산하는 기업에 제시하는 조건들에 해당하는 것들이다. 휴대폰을 생산하는 기업 입장에서는 이러한 조건들 중 가장 적절한 것을 선택하여 돈을 지불하고 구매를 하게 된다. 이러한 과정이 두 기업 간 '바터의 조건'이 성립한다고 표현할 수 있는 것이다.

'바터의 조건'이 성립되는 또 다른 예를 살펴보자. 거래는 기본적으로 '돈'을 중심으로 발생하지만, 기업의 경영전략에 부합되었을 경우에도 거래는 발생할 수 있다. 경영전략이라면 '향후 먹거리를 위한 투자' 그리고 '사업 확장을 고려한 비즈니스의 방향성 변화' 등도 이에 해당된다. 보다 구체적인 예를 들어보자. 개발자 인력파견을 중심으로 비즈니스를 진행하는 기업이 있다고 가정해보자. 이 기업은 자기만의 자산Asset 없이 단지 인력을 파견하는 사업 방식이 기업을 성장시키는 것에 한계가 있음을 느낄 것이다. 따라서 자신의 고객사 또는 산업 군에서 전문역량을 키우고 싶어할 것이다. 또한 자신만의 제품을 만들어 단순 인력공급 방식에서 벗어나 제품을 기반으로 하는 비즈니스로 전환하기를 꿈꿀 것이다. 이러한 계획들이 모두 경영전략에 해당하는 활동이라고 할 수 있다. 경영활동의 또 다른 예를 들어보자. 빅데이터 분석 솔루션을 개발하는 기업이 있다고 가정해보면, 이 기업은 오랫동안 많은 투자금을 쏟아부으며 제품을 개발했을 것이다. 이 기업이 갖는 가장 큰 고민은 이렇게 쏟아 부은 투자금을 어떻게 하면 빨리 회수할 수 있을까 일 것이다. 판매량을 늘리기 위해 재판매하는 리셀러Reseller 방식도 생각하겠지만, 다른 기업의 제품과 결합하여 판매하는 방식도 고민할 것이다. 재판매하는 방식은 상대적으로 단순한 판매전략에 해당될 수 있다. 하지만, 다른 기업의 제품과 결합한다는 것은 단순히 빅데이터 분석 플랫폼을 판매하는 것이 아닌 기업 간에 끈끈한 결합을 통해 보다 전략적으로 접근하려는 시도라고 할 수 있다. 이러한 고민들 또한 경영전략의 하나라고 할 수 있다.

그럼 원래 고민하던 '단기적 매출을 고려한 상호작용'에 대해 생각해보자. 이 어려운 문장에 대한 답은 사실 이미 앞에서 설명을 하였다. 그것은 바로 협업의 대상인 업체와 최대한 끈끈한 관계(상호작용)를 맺어가며, 당장의 매출을 발생시키는 것이다. 이렇게 되기 위해서는 서로 간의 핵심성과지표인 KPIKey Performance Indicator가 동일해야만 현재의 매출뿐만 아니라 미래의 상호작용도 붙잡을 수 있다. 예를 들어 앞에서 이야기한 빅데이터 분석 플랫폼을 개발한 기업의 경우라면, 다른 기업에 제시할 수 있는 '바터의 조건'은 '할인율', '제품결합을 위한 소스코드Source Code 제공' 그리고 '이익 공유제' 등이 있을 수 있다. 이러한 '바터의 조건'은 파격적일수록, 그리고 상식을 넘어설수록 더욱 훌륭한 결합환경이 될 수 있음은 분명해 보인다.

이러한 '바터의 조건'에 대해서는, 플랫폼 비즈니스 모델 캔버스PBMC: Platform Business Model Canvas의 ④플레이어 관계: Player Relationship에서 필자가 실제 경험했던 내용을 중심으로 보다 상세하게 설명할 예정이다.

③ 경쟁 포지셔닝Competitive Positioning 분석

B2B 플랫폼 비즈니스의 시장진입GTM: Go To Market 전략을 수립하기 위한 선행조건의 세 번째는 경쟁 포지셔닝Positioning 분석이다. 다소 어렵게 표현한 것 같지만, 그 의미는 단어에서 느껴지듯이 우리 기업의 경쟁력이 다른 기업과 비교하여 어떤 위치에 있는지를 분석한다는 것을 말한다. 적을 이기기 위해서 내가 어떤 장점이 있고 어느 부분이 부족한지를 분석한 후, 부족한 부분은 어떻게 극복할 것이고, 장점이 되는 부분은 또 어떻게 극대화할 것인지에 대한 고민이다. 경쟁에서 살아남기 위한 너무나 당연한 활동이라고 할 수 있다. 다만, 이러한 분석을 하기 위해 어떠한 분석방법론을 사용할 것인가는 크게 중요하지 않다. 아래와 같이 방사형 분석기

법을 사용하든, SWOT Strength, Weakness, Opportunity, Threat 분석기법을 사용하든, 아니면 매트릭스 Matrix 분석기법을 하든 말이다.

경쟁 포지셔닝 분석방법 예시

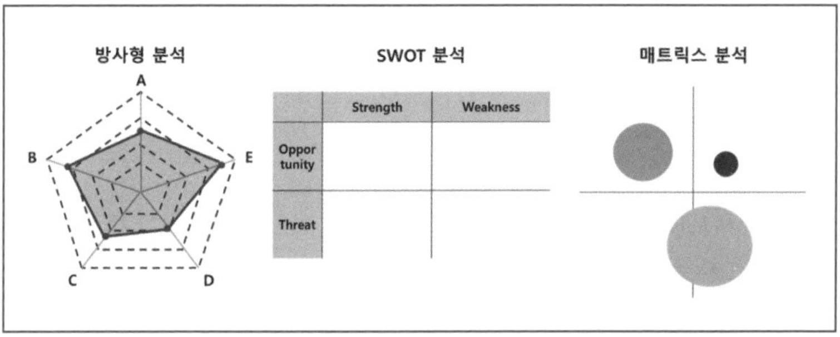

다만, 필자의 오랜 전략수립 경험을 봤을 때, 경쟁 포지셔닝을 분석하는 데 있어서 가장 효율적인 방법론으로 'OBT Only / Better / Too 분석기법'을 추천하고 싶다. OBT란 당사의 경쟁력을 경쟁사와 비교하여 절대 강점이 있는지(Only), 비교 우위에 있는지(Better), 아니면 동등 또는 열위에 있는지(Too)를 확인하는 것이다. 이러한 OBT 분석기법은 비교 대상이 되는 요소에 대해 우리의 플랫폼과 경쟁사 플랫폼 간의 경쟁력을 매우 간단하게 비교할 수 있어 경쟁 포지셔닝을 분석할 때 매우 유용하다. 다만, OBT분석기법을 사용할 때에는 다소 보수적으로 판단할 필요가 있다. 너무 긍정적으로 표현하게 되면 우리의 경쟁력을 과대평가하게 되는 경우가 발생할 수 있기 때문이다.

OBT 분석방법론 예시

핵심 비교대상 (예시)	당사 Only (절대 강점)	당사 Better (경쟁 우위)	당사 Too (동등/취약)
기술력 측면 (기능편의성 등)	오직 우리만의 차별화 요소	경쟁사와 비교하여 우월한 요소	비교 대등 또는 열위 요소
참여자 분석 측면			
상호작용 측면			

B2B 기반의 플랫폼 비즈니스 모델 캔버스, B2B Business-to-Business PBMC Platform Business Model Canvas

우리는 앞에서 B2B 기반의 플랫폼 비즈니스를 진행하는 데 있어서 3가지 핵심관점에 대해 이해하였다. 이제 본격적으로 B2B 플랫폼 비즈니스를 어떻게 개발해야 할지 살펴보고자 한다. 정확히 표현하자면, B2B 플랫폼 비즈니스를 어떻게 설계해야 할지, 누가 어떠한 상호작용을 통해 어떤 방식으로 돈을 벌 것인가를 설계하는 방법에 대해 살펴보고자 한다.

기본적으로 앞에서 설명했던 알렉스 오스터왈더Alex Osterwalder의 비즈니스 모델 캔버스Business Model Canvas 컨셉을 바탕으로, B2B 플랫폼 비즈니스의 사업적 특성을 반영하였다. 기존 총 9가지 항목은 그대로 유지하였지만, 5가지 영역(① 고객 세그먼트, ③ 채널, ④ 고객

관계, ⑦ 핵심활동, ⑧ 핵심 파트너십)에 대해서는 하기 내용과 같이 수정하였다.

첫 번째로 '① 고객 세그먼트Customer Segments'는 플랫폼 비즈니스 특성에 맞게 플랫폼에서 활동하는 주체, 즉 상호작용을 수행하는 플레이어의 유형과 활동내용을 정의하는 '① 플레이어 세그먼트Player Segments'로 수정하였다. 플랫폼 비즈니스에서 활동하는 주체는 고객뿐만 아니라 생산자도 있기 때문이다.

두 번째는 '③ 채널Channels'이다. 원래 '채널'이란 고객에게 가치를 제공하는 물리적 방법을 의미하며, 대표적으로 물류/유통 그리고 통신 등이 그 예이다. 하지만, B2B 기반의 플랫폼 비즈니스에서는 플랫폼 상에서 상호작용을 하는 협력업체를 '채널'이라고 정의하고자 한다. 이는 고객과의 연계가 최종적으로 협력업체를 통해서 진행되므로, '고객과 플랫폼과의 연결성'을 강조하기 위한 정의라고 할 수 있다. 본 영역에서는 채널사들을 어떻게 끌어모으고, 또한 어떻게 관리할 것인가를 정의해야 하며, 이러한 활동성을 표현하기 위해 '③ 채널링 연계Channeling Connection'라고 수정하였다.

세 번째는 '④ 고객 관계Customer Relationships'로, 원래는 고객 세그먼트들과 어떻게 관계를 가져갈 것인가에 대해 정의하는 영역이었다. 플랫폼 비즈니스에서는 고객이 아닌 플랫폼 안에서의 플레이어를 고려해야 하므로, '④ 플레이어 관계Player Relationships'로 수정하고자 한다. 본 영역에서 가장 중요한 것은 상호작용의 근본적인 활성화를 위한 생태계 모델eco Model을 어떻게 만들 것인지 정의한다. 앞에서 언급한 '바터의 조건'을 정립하는 것이 이 영역에 해당하며, 따라서 9가지 항목 중 가장 중요한 요소에 해당된다고 볼 수 있다.

네 번째는 '⑦ 핵심활동Key Activities'이며 원래는 고객 세그먼트, 가치제안, 고객관계 그리고 채널 등의 활동에 대해 정의하는 영역이다. 하지만, 플랫폼 비즈니스에서는 플레이어 세그먼트, 플레이어 관계, 채널링 등의 활동을 수행하는 데 있어서 '⑦ 핵심성과지표Key Performance Indicator'를 설정하는 영역으로 정의하고자 한다. 성과지표를 하나의 영역으로 선정한 이유는, B2B 비즈니스는 기본적으로 기업간의 거래에 해당함으로 기업활동을 보다 성과중심으로 관리하기 위함이다.

마지막으로 '⑧ 핵심 파트너십Key Partnerships'은 원래 상품 혹은 서비스를 고객에게 제공하는 과정에서 협력해야 하는 외부 파트너에 대해 정의하는 영역이었다. 하지만, 플랫폼 비즈니스에서는 플레이어에 대한 정의와 활동내용에 대해 이미 앞에서 정의를 하였으므로 본 영역에서는 필요가 없게 되었다. 따라서, '핵심규칙Key Regulation'을 추가하여, 핵심성과지표를 달성하는데 필요한 규칙, 제반환경, 제도 등을 정의하도록 수정하였다. 핵심규칙은 기본적으로 플랫폼에서 상호작용하는 기준을 수립하는 것으로, 긍정적 네트워크를 활성화시키는데 매우 중요한 요소이다. 본 영역에서는 이러한 긍정적 네트워크를 위한 규칙을 정리하게 된다.

상기 내용을 바탕으로 수정된 B2B 기반의 플랫폼 비즈니스 모델 캔버스PBMC: Platform Business Model Canvas는 다음과 같으며, 각각의 항목에 대해 하나하나 상세히 살펴보고자 한다

B2B 기반의 플랫폼 비즈니스 모델 캔버스PBMC의 가장 큰 특징은 앞에서 언급한 바와 같이 '단기적 매출을 고려한 상호작용의 확대'의 개념이 녹아들 수 있도록 구성하였다. 즉, '미래의 상호작용 확대'를 위해 '④ 플레이어 관계'에서 플레이어 간 끈끈한 상호작용을 위한 방안을 정립하며, '단기직 매출확보'를 위해 '③ 채널링'에서 '돈'이 흘러갈 수 있는 방안을 고민하도록 구성하였다. 하지만 무엇보다 꼭 기억해야 하는 것은, 이러한 비즈니스 모델 캔버스PBMC는 비즈니스 모델을 만드는데 답을 제시해 주는 것은 아니며, 머릿속에 떠오르는 막연한 아이디어를 보다 구체화하는 데 있어서 스스로 방법을 찾도록 '생각의 프레임'을 제공하는 역할을 하는 것이다. 비즈니스 아이디어에 대한 해답과 방법은 스스로 만들어야 한다는 의미이다. 내 스스로가 하고 싶은, 그리고 만들고 싶은 플랫폼을 정의하고, 그것을 실제 사업화하기 위해서는 또 어떠한 요소를 고민해야 하는지는 스스로 답을 만들어내야 한다.

B2B 기반 플랫폼 비즈니스 모델 캔버스

핵심 규칙 ❽
KR: Key Regulation
- 핵심성과지표를 달성하기 위해 핵심자원을 활용하는 기준의 정립
- 규칙, 제반환경 및 제도 등 모든 활동의 기준을 정립하는 영역

핵심 성과지표 ❼
KPI: Key Performance Indicator
- 오른쪽 ①~⑤의 활동에 대한 성과지표를 설정
- B2B 사업의 특성을 고려하여 성과중심의 활동 수준을 측정

핵심자원 ❻
KR: Key Resources
- 오른쪽 ①~⑤을 실현하는데 필요한 자원
- 물적 자원뿐만 아니라 지적 자산 및 인적자산도 포함
- 비즈니스 모델의 유형에 따라 상이

가치 제안 ❷
VP: Value Propositions
- 고객이 처한 문제를 해결해 주기 위한 상품이나 서비스
- 고객 세그먼트별 명확한 구분 및 그에 따른 가치정의
- 고객 그룹에 따라 상이 가능

플레이어 관계 ❹
PR: Player Relationships
- 플레이어 세그먼트별 어떠한 관계를 맺을 건인지 정의
- 상호작용의 활성화를 위한 생태계 모델 정의
- 바터[Barter]의 조건정립

채널링 연계 ❸
CH: Channeling
- 플랫폼에서 상호작용하는 협력업체를 채널로 재정의
- 전국 채널망을 만들고 어떻게 유지 및 관리할 것인가에 대한 정의

플레이어 세그먼트 ❶
PS: Player Segments
- 플랫폼에서 활동하는 주체, 상호작용의 주체인 플레이어에 대한 정의
- 하나 이상의 플레이어 그룹이 존재
- 그룹에 따라 자원, 채널, 가치 등이 상이

비용구조 ❾
CS: Cost Structure
- 비즈니스 모델의 여러 구성요소를 수행할 때 소요되는 모든 비용
- 비즈니스 모델의 비용 구조는 '비용 주도형'과 '가치 주도형'으로 구분
- '비용 주도형'은 최소 비용구조를 중심으로 비즈니스를, '가치 주도형'은 비용보다는 가치창출에 초점을 맞추는 비즈니스를 의미

수익원 ❺
RS: Revenue Streams
- 조직이 제시한 가치제안이 성공했을 때 고객 세그먼트로부터 얻게 되는 수익 (현금 등의 가치)
- 수익은 수입에서 비용을 제외한 것
- 1회성 및 연속성 수익 모두 포함

본 도서에서는 B2B 기반으로 플랫폼 비즈니스를 어떻게 추진할 것인가에 대해, 필자가 직접 현장에서 경험했던 여러 상황 그리고 어려움 등을 함께 기술하고자 한다. 물론, 비즈니스 모델 캔버스를 중심으로 각 요소별로 어떠한 내용을 기술해야 하고 또한 어떠한 것이 중요한지 상세한 설명할 예정이며, 이해를 돕고자 필자가 현장에서 느꼈던 점을 추가하는 방식이다.

필자가 진행했던 B2B 기반의 플랫폼 비즈니스는 기본적으로 디지털 트랜스포메이션Digital Transformation 상품을 바탕으로 전국 채널망을 만들어 고객에게 상품을 판매하는 것을 목표로 하였다.

필자의 플랫폼 사업추진 현황 및 내용

(1) **역할**

필자가 진행했던 B2B 기반의 플랫폼 비즈니스는 소속된 기업에서 진행했던 채널사업이었으며, 해당 사업에서 전체 업무를 총괄하여 진행하였다. 구체적인 역할은 다음과 같다.

- 플랫폼 비즈니스 사업모델 설계
- 전국 채널망 구축
- 플레이어 간 상호작용 방식 정의
- 긍정적 네트워크 활성화를 위한 바터Barter 조건정립
- 기타 플랫폼 사업진행을 위한 전반적인 기획 및 관리

(2) **상품**

디지털 트랜스포메이션Digital Transformation과 관련한 소프트웨어 판매

및 컨설팅 서비스로, 오픈소스 기반으로 자체 개발한 상용 소프트웨어이다. 구체적인 상품은 다음과 같다.

- 빅데이터 분석 플랫폼Bigdata Platform
- 인공지능AI: Artificial Intelligence 기술과 관련한 자연어처리NLP: Natural Language Processing 및 컴퓨터 비전Computer Vision 제품
- 블록체인 Blockchain
- 자동화 머신러닝 도구 AutoML: Automated Machine Learning
- 기타 디지털 트랜스포메이션 상품

(3) 플랫폼 운영을 위한 네트워크(채널망) 구축

필자가 진행했던 B2B 플랫폼 비즈니스의 기본 방향은 디지털 트랜스포메이션 관련 상품들을 개발하고, 이것을 전국의 채널사를 통해 판매하는 비즈니스였다. 즉, 필자가 속한 기업은 제품을 개발하는 벤더의 역할과 함께, 플랫폼 기반으로 사업을 진행하되 플랫폼을 운영하는 역할까지 수행하기를 희망하였다.

따라서, 플랫폼을 운영하기 위한 환경을 만들고, 플랫폼에서 활동할 플레이어, 즉 채널사Channel Corporation를 모집하여 네트워크를 만들어야 했다. 하지만 가장 큰 문제는 필자가 소속된 기업은 플랫폼 비즈니스를 수행한 경험이 전무하다는 것이다. 말그대로 '무'에서 '유'를 창조하며 사업을 진행해야만 했다.

사업 초반에는 플랫폼 비즈니스가 무엇을 의미하는지 그리고 사업을 어떻게 진행해야 하는지 개념조차 없이, 단지 그냥 전국에 있는 협력업체를 만나며 채널을 만들고 그들이 우리회사의 제품을 팔아줄 수 있도록 영업을 진행하였다. 회사 입장에서도 처음 진행하는 비즈니스 방식이다 보니 사규조차도 없었다. 오로지 전

국을 돌아다니며 모든 것을 몸으로 부딪히며 플랫폼 비즈니스를 스스로 만들어갔다.
이러한 과정 속에서 채널링을 어떻게 만들어야 하고 B2B사업의 특성을 고려하여 어떻게 긍정적 네트워크를 만들어야 하는지를 이해하게 되었다. 이러한 과정을 통해 전국 채널망Channel Network을 구축하고 B2B 기반의 플랫폼 비즈니스 모델을 만들었다.

필자의 이런 경험이 독자들에게 B2B 기반으로 플랫폼 비즈니스를 진행하는 데 있어서 인사이트를 제공해 줄 것으로 확신한다.

그럼 B2B 기반 플랫폼 비즈니스 모델 캔버스의 각 항목에 대해 하나하나 본격적으로 살펴보자.

① 플레이어 세그먼트 : Player Segments

플레이어 세그먼트는 비즈니스 플랫폼에서 활동하는 플레이어를 정의하는 영역이다. 따라서 생산자도 소비자도 플레이어가 될 수 있다. 이러한 플레이어는 각 영역에서 하나 이상의 집단으로 존재하며 이것을 세그먼트라고 정의할 수 있다.

그럼 B2B 비즈니스에는 어떤 플레이어가 존재할까? 우선 우리가 쉽게 생각할 수 있는 고객 집단이 있다. 이러한 고객 집단에도 그 유형이 존재하는데, 예를 들어 고객사의 규모(예: 대기업, 중소기업

등)에 따라, 산업군Industry(예: 유통, 제조, 건설 등)에 따라, 아니면 판매되는 제품유형에 따라 그 유형(세그먼트)을 구분할 수 있을 것이다. 고객 집단 외에 또 어떤 플레이어가 있을까? 아마도 협업하여 함께 제품을 만들어내는 협력업체가 있을 것이다. 뿐만 아니라 우리에게 부품을 제공하는 협력업체도 있으며, 우리가 만든 제품을 고객에게 유통하는 협력업체도 있을 것이다. 플레이어를 분석할 때 가장 중요한 것은, 내가 만들고자 하는 플랫폼에서 상호작용을 하는 활동의 주체인 플레이어에 대해 누가 존재하는지 빠짐없이 명확하게 정의해야 한다. 그래야 '③ 채널링'과 '④ 플레이어 관계' 그리고 '⑤ 수익원' 등을 정의하는데 누락없이 정확히 예측할 수 있기 때문이다.

【필자의 적용방안】

필자가 B2B 기반의 플랫폼 비즈니스를 설계할 때, 이러한 플레이어를 정의하는 것은 상대적으로 어려움이 크게 없었다. 왜냐하면 필자가 소속되어 있는 기업의 경우 30년이 넘는 소프트웨어 개발 업력을 보유한 전형적인 파이프라인 기업에 해당했기 때문에, 고객 집단 유형 그리고 협력해야 할 업체의 유형을 정의하는 것은 어느정도 이미 정해져 있었기 때문이다. 필자는 이러한 경험을 바탕으로 고객 집단은 공공, 금융, 제조 등의 산업을 기준으로 구분하였고, 협력업체 플레이어의 경우에는 크게 두 가지 유형으로 정의하였다. 하나는 기존 제품을 유통하는 리셀러Reseller, 그리고 기존 제품을 활용하여 새로운 상품을 만들어내는 에코 파트너Eco Partner이다. 리셀러란 말 그대로 기존 제품에 대해 시장에 단순하게 유통하는 역할을 수행하는 것이며, 에코 파트너는 단순 유통이 아닌 기존 제품을 활용하여 새로운 상품을 만들어 유통하는 역할을 수행하게 하였다.

다만 오해하지 말아야 할 것은, 플레이어의 유형을 정의하는 것이 쉬웠다는 것이지, 해당 플레이어를 모집하고 그들과 네트워크를 만들어 가는 것이 쉬웠다는 것을 의미하지는 않는다. 문서상 정의하는 것과 실제 행동에 옮기며 결과를 가져오는 것에는 너무나 큰 차이가 존재하기 때문이다.

② 가치제안 : Value Proposition

가치제안이라는 것은 플레이어들에게 우리의 플랫폼이 어떠한 가치를 줄 수 있는가를 정의하는 영역이다. 이러한 가치는 일반적으로 해당 기업에서 제시하는 슬로건에서 잘 나타난다. 예를 들어 쿠팡의 경우 "내가 잘 사는 이유"라는 슬로건을 제시하고 있는데, 이러한 슬로건으로 가치제안을 유추해보면, '보다 좋은 상품을 싼 가격으로 구매할 수 있다' 정도로 생각할 수 있을 것 같다. 아마존닷컴은 "물리적 현실에서는 존재하기 힘든 너무 큰 서점A bookstore too big for the physical world"이라는 슬로건을 제시하고 있는데, 아마존닷

컴이 고객에게 주고자 하는 가치는 바로 '세상의 모든 책을 살 수 있다' 정도로 생각할 수 있다.

하지만, B2B 비즈니스에서는 기업 간의 거래에 해당함으로 위에서 살펴본 B2C와는 다르게 표현해야 한다. B2C에서는 다소 감성적인 표현을 사용했다면, B2B에서는 구체적인 숫자 등을 사용하여 기존 상황과 비교하여 명확하게 무엇이 얼마나 좋아지는가를 가치제안에 담아야 한다. 예를 들어, 쿠팡의 슬로건을 B2B 가치제안으로 표현한다면, "내가 잘 사는 이유"가 아닌 "24시간 내 고객이 원하는 모든 제품을 배송한다" 식으로 말이다. 물론 가치제안을 반드시 하나만 정의할 필요는 없다. 품질 측면, 배송시간 측면, 배송의 친절도 측면 그리고 상품 만족도 측면 등 기업의 비즈니스 전략에 부합된 가치제안을 여러 개 만들 수 있다.

【필자의 적용방안】

필자가 진행했던 B2B 플랫폼 비즈니스는 상용 소프트웨어를 기반으로 플랫폼 사업을 진행하였으며, 소속된 기업이 대기업에 해당되었기 때문에 경쟁사 제품이 자연스럽게 해외 유명 글로벌 기업의 제품이 되었다. 문제는 이러한 기업들의 제품이 품질과 인지도 측면에서 필자가 소속된 기업의 제품과 비교를 할 수 없을 정도로 높다는 것이다. 그렇다 보니 '제품이 좋다' 혹은 '안정성이 우수하다', '기능이 뛰어나다'와 같은 가치를 제안할 수가 없었다. 결국 필자가 제시할 수 있었던 가치는, 한국 고객들의 특성을 고려하여 "경쟁력 있는 견적체계를 바탕으로 고객 환경에 최적화된 기능과 기술지원이 가능하다"라고 정의하였다. 이것이 의미하는 것은 고객이 원하는 커스터마이징Customizing 요구사항을 반영할 수 있고, 상대적으로 높은 가성비를 제공하며 원거리에서의 기술지원이 아닌, 고객 바로 옆에서 안정적인 기술지원 서비스가 가능하다고 제시하는 것이다. 외산 솔루션의 가장 큰 단점에 해당하는 커스터마이징, 높은 견적금액 그리고 기술지원의 어려움을 극복할 수 있다는 가치를 제안한 것이다. 물론, 앞에서 언급한 바와 같이 구체적 숫자를 제시하며 보다 명확히 표현하는 것도 좋다. 예를 들어 "고객 환경에 100% 최적화된 기능적용과 함께 전국 채널사를 통해 기술지원이 24시간 가능하다"라고 말이다.

이렇게 가치제안에서는 우리의 B2B 플랫폼에서 제시해줄 수 있는 가치, 플랫폼을 이용하게 되면 어떠한 이익을 얻을 수 있는지를 제시하게 된다.

③ 채널링 연계 : Channeling Connection

'채널링 연계'란 플랫폼 안에서 상호작용을 일으키는 플레이어들을 만들어 내고, 상호작용이 잘 일어날 수 있도록 유지시키는 방법에 대해 정의하는 영역이다. 언뜻 들어서는 이해가 안 되겠지만, 앞에서 고객 집단과 각 고객 집단 내에서 세그먼트를 정의해야 한다고 하였는데, 채널링 연계에서는 이러한 고객 집단과 세그먼트에 해당하는 플레이어들을 실제로 어떻게 모집을 하고 상호작용이 어떻게 하면 잘 일어날 수 있는지 그 방법에 대해 고민하는 영역이라고 할 수 있다. 즉, 문서상 정의한 고객 집단과 세그먼트에 대해 실제 구체화하는 단계라고 할 수 있다.

(a) 플레이어 모집방법

B2B 기반 플랫폼 비즈니스에서의 플레이어는 기본적으로 협력업체가 그 대상이 될 가능성이 높다. 왜냐하면 플랫폼을 운영하는 기업의 경우 최종 고객에게 직접적으로 제품을 판매하지 않기 때문이다. 만약 고객에게 직접적으로 제품을 판매한다면 그것은 플랫폼 비즈니스가 아닌, 기존 파이프라인 비즈니스에 해당된다. 따라서 B2B 기반의 플랫폼 비즈니스에서의 플레이어는 우리의 제품을 고객에게 판매할 협력업체가 된다. 결국, '플레이어 모집방법'에서는 우리와 상호작용을 통해 상품 혹은 서비스를 판매할 협력사를 모집하는 것을 의미한다. 너무나 당연하겠지만, 판매하고자 하는 상품 혹은 서비스와 관련하여 다양한 경험과 역량이 있는 협력사를 모집해야 할 것이다.

기존에 탄탄한 사업구도를 갖고 있는 파이프라인 기업이라면 플레이어를 선정하고 모집하는 것은 크게 어려움이 없을 것이다. 왜냐하면 기존에 이미 여러 기업과 다양한 영업망이 존재하기 때문이다. 모집방법 중 가장 쉬운 방법은 기존 가치사슬Value Chain상 존재하는 협력업체를 채널로 만드는 것이다. 물론 해당 협력업체가 플랫폼 비즈니스에 참여하는 것에 동의를 받아야 한다는 전제조건이 있다. 이렇게 모집된 플레이어는 오랜 기간동안 협업했던 이력 때문에 커뮤니케이션을 하는데 큰 장점이 있다. 플레이어를 모집하는 또 다른 방법으로는 주변으로부터 추천을 받거나 혹은 고객사로부터 소개를 받을 수도 있다. 이렇게 기존에 사업을 진행하던 기업이라면 플레이어를 모집하는데 크게 문제가 되지 않지만, 새롭게 사업을 시작하는 경우에는 다소 고민이 될 것이다. 이러한 경우에 가장 일반적인 방법이 롱리스트Long List(넓은 범위의 후보군)를 만든 후, 상황에 맞는 정제작업을 거쳐 숏리스트Short List(압축 후보군)로 만들고 해당 기업과 협의를 통해 플레이어로 확정하는 것이다.

【필자의 적용방안】

필자가 플랫폼 비즈니스를 처음 진행할 때 가장 고민되었던 것이 바로 누구와 채널링을 만들 것인가였다. 필자가 소속된 기업이야 오랜 업력을 갖고 있어서 풍부한 업체리스트가 있었지만, 필자 개인적으로는 아는 업체가 없었기 때문에 새롭게 접근해야만 하였다. 우선 플랫폼을 통해 판매하고자 하는 제품을 회사에서 많은 투자를 통해 개발한 빅데이터 분석 플랫폼Bigdata Platform으로 정하고, 플레이어 즉 협력업체를 어떻게 모집할 것인지 많은 고민을 하였다. 가장 먼저 진행한 것은 공공기관의 사업공고 및 입찰현황을 확인할 수 있는 나라장터(www.g2b.go.kr)에서 3년간 빅데이터와 관련된 사업을 수주한 기업을 전수 검사하였다. 빅데이터와 관련된 사업은 총 207개, 해당 사업을 수주했던 기업은 총 152개였다. 이것이 1차 롱리스트에 해당하였다. 이러한 리스트를 바탕으로 수주한 기업의 신용도와 회사규모 그리고 지역을 고려하여 2~3단계의 검토를 거쳐 최종으로 81개의 채널사 후보를 선정하였다. 그 이후 전국을 돌아다니며 필자가 소속된 기업의 빅데이터 분석 플랫폼과 채널사업의 추진방향 등 플랫폼 비즈니스를 어떻게 진행할 것인지를 설명하였다. 이러한 과정을 거쳐 최종적으로 28개 채널사를 플레이어로 확정하였다. 이후 롱리스트를 뽑아내는 방식에만 차이가 있었을 뿐 동일한 프로세스를 통해 채널사를 모집하였고, 3년이 지난 이후 105개까지 전국 채널사업 네트워크를 구축할 수 있었다.

(b) 상호작용의 출발점 : 가랑비에 옷 젖는지 모르다

【필자의 적용방안】

많은 고생을 통해 어렵게 전국 채널 네트워크를 구축하고 B2B 플랫폼 비즈니스를 위한 기반을 마련했다고 했는데, 이렇게 어렵게 구축했으니 그럼 바로 매출이 발생하였을까? 예상하겠지만, 절대로 마음만큼 진행되지 않았다. 매출발생은커녕 플랫폼 안에서 플레이어 간 상호작용 자체가 발생하지 않았다. 그 이유는 간단하다. 대기업이 플랫폼 사업을 한다고 하니 플레이어로 일단 참여는 했지만, 각 기업들 입장에서는 기존에 진행하고 있었던 사업에 집중하다 보니 새로운 유형의 사업에 적극적으로 뛰어들지 않았기 때문이다. 채널사들이 이렇게 행동하는 이유를 이해하는 것이 중요한데, 각 협력업체가 채널사로 참여한 것은 빅데이터 분석 플랫폼이 언젠가는 필요할 것 같아서 일단 다리 하나 걸쳐 놓기는 했지만, 해당 제품에 대한 이해도가 낮다 보니 어떻게 영업을 해야 할지 모르겠고, 무엇보다 기업 상호 간 신뢰가 쌓이지 않은 상태에서 이 사업을 왜 해야 하는지에 대한 메리트를 크게 느끼지 못했기 때문이다.

따라서 플레이어 간 상호작용이 발생하기 위해서는 플랫폼 비즈니스를 통해 실질적인 이익이 발생한다는 신뢰가 생길 수 있도록 끊임없이 설득하는 것이 필요하다. '가랑비에 옷 젖는지 모른다'라고 언급한 이유가 바로 이것이다. 보슬보슬 내리는 가랑비는 우산을 쓰기도 또는 우산을 쓰지 않기도 애매하다. 하지만, 조금만 맞다 보면 어느새 옷이 다 젖어 있다는 것을 알게 된다. 필자가 생각하는 영업의 가장 기본은 바로 이것이라고 생각한다. 상대방이 부담감을 느끼지 않는 수준에서 자주 인연을 이어 가서, 어느 순간 자신도 모르게 서로 간 두터운 신뢰가 쌓인 상태여야 실질적인 상호작용이 발생할 수 있다.

(c) 채널활동 부스팅Boosting

【필자의 적용방안】

'2대 8법칙' 이라는 것이 있다. 이 용어는 이탈리아 경제학자인 빌프레도 파레토Vilfredo Pareto가 '이탈리아 인구의 20%가 이탈리아 전체 부의 80%를 가지고 있다'라고 주장한 것에서 유리되었고, 그의 이름을 따서 '파레토 법칙'이라고 불린다. 이러한 법칙은 일반적으로 '전체 결과의 80%가 전체 원인의 20%에서 일어나는 현상'을 표현할 때 사용되곤 한다.

플랫폼 비즈니스에도 이러한 법칙이 그대로 적용된다. 앞에서 언급했듯이 필자는 3년에 걸쳐 전국에 채널사를 약 105개 체결을 하고 B2B 플랫폼 비즈니스를 진행하였다. 문제는 이 105개 채널사 중 일부만이 활발한 영업활동을 한다는 것이다. 50% 정도는 아예 사업기회조차도 없었고, 30% 정도는 간혹 어쩌다가 사업기회가 발생하였다. 결국 전체 채널사 중 약 20% 정도만이 활발한 영업활동을 하여 대부분의 사업기회를 만들어 냈다. 그 20%에 해당하는 약 21개 채널사 중 약 20%에 해당하는 4개 채널사가 전체 매출의 많은 부분을 차지하였다. 이러한 현상은 사실 필자가 속한 기업만 해당하는 것은 아니다. 글로벌 벤더의 경우 채널사를 1천개, 2천개씩 보유하고 있는데, 이 많은 채널사가 모두 사업기회와 매출이 발생하는 것은 아니며, 그중 약 20% 정도만이 활발하게 영업활동을 한다.

필자의 경험에서 알 수 있듯이, 사업이 활발하게 일어나기 위해서는 플레이어 간 상호작용이 얼마나 중요한지를 짐작할 수 있다. 필자가 말하고 싶은 것은 플랫폼에서 활동하는 플레이어의 숫자가 중요한 것이 아니라, 상호작용이 얼마나 발생하고 있는지가 중요하다는 것이다. 따라서, 플랫폼 비즈니스가 성공하기 위해서는 상호작용이 활발하게 발생될 수 있도록 부스팅Boosting하는 역할이 중요하다. 현재의 『50% - 30% - 20%』의 구조를 『20% - 30% - 50%』의 구조로 바꾸어야 플랫폼 비즈니스가 살 수 있는 것이다.

플레이어 활동 부스팅Boosting

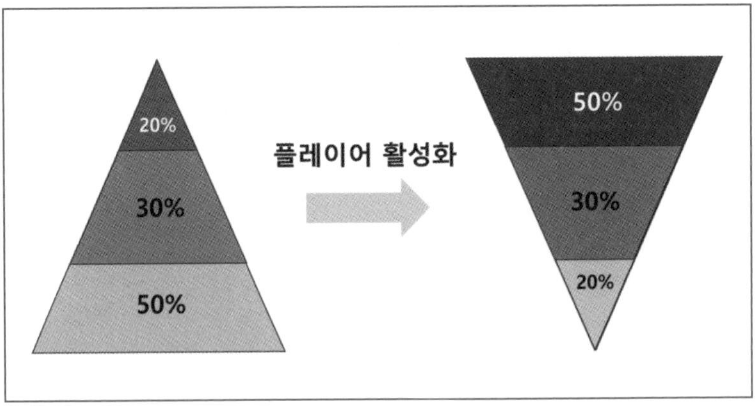

혹자는 그렇게 생각할 수 있을 것이다. '전체 플레이어의 수를 현재 105개에서 1,000개로, 혹은 10,000개로 늘리면 사업기회와 매출이 늘어날 것'이라고 말이다. 이 말이 틀린 말은 아니지만, 결정적으로 실현 불가능한 이유가 있다. 시장에 플레이어 수 자체가 한정적이기 때문에 1,000개, 10,000개씩 생각한 만큼 플레이어 수를 무한정 늘릴 수가 없다는 것이다. 따라서 현실의 제한적인 상황에서 플랫폼 비즈니스가 활성화되기 위해서는 기존 '8대 2 법칙'을 뛰어넘는 상황을 만들어야 한다. 그 방법이 앞에서 언급한 '가랑비에 옷 젖는지 모른다'의 방법을 써도 되고, 개인적으로 노하우가 있는 전략을 사용해도 된다. B2B에서는 플레이어 간 서로 이익이 되는 요소에 대해 주고받는 비즈니스이기 때문에 이러한 '바터의 조건' 정립도 필요하다.

④ 플레이어 관계 : Player Relationship

'플레이어 관계'란 플랫폼 안에서 활동하는 플레이어 간 상호작용을 확대시키기 위한, 즉, 플레이어의 참여도를 올리기 위해 어떠한 전략을 사용할 것인지를 정의하는 영역이다. '전략'이라는 멋진 단어를 사용해서 다소 어렵게 느껴질 수 있겠지만, 조금 쉽게 설명하자면 플랫폼에 참여하는 플레이어는 각각 다른 유형으로 존재할 텐데, 각각의 특징을 고려하여 플레이어가 플랫폼 안에서 활발한 활동을 할 수 있도록, 그 특징에 맞는 유인책을 제시해보자라고 표현할 수 있다. 그럼 이러한 '유인책'은 무엇이고 또 어떤 종류가 있을까? 먼저 '유인책'을 정의하는 기본적인 목적이 있는데, 그것은 바로 '플랫폼 비즈니스의 생태계'를 만들기 위한 것이라고 생각하면 된다. 여기서 말한 생태계란 누군가 인위적으로 관리하고 운영하는 것이 아닌, 자생적으로 스스로 움직인다는 것을 의미한다. 따라서 '유인책'이란 플레이어(=기업, 채널사)가 플랫폼에서 활동을 하게 되면 말그대로 '돈'을 벌 수 있다는 확신을 갖도록 하는 일종의 '미끼'인 것이다.

필자가 진행했던 B2B 플랫폼 비즈니스 또한 플랫폼을 운영하는 조직은 최소화한 상태에서 플레이어가 자생적으로 스스로 활동할 수 있도록 환경을 만들어 주는 것이 핵심이었다. 그렇게 하기 위해서는 앞에서 언급한 바와 같이 적절한 유인책이 필요했다. 그럼 구체적으로 유인책에는 어떤 것이 있을까? 필자의 사례를 통해 독자들의 상황에서 '플레이어 관계'를 만드는데 적용 가능한 아이디어를 내는 데 도움이 되고자 한다.

【필자의 적용방안】

필자가 진행했던 플랫폼 비즈니스에서는, 앞에서 이야기한 바와 같이 첫해부터 전국에 28개의 채널사를 확보하여 사업을 진행하였다. 하지만, 이 28개의 채널사에서 발생되는 사업기회는 매우 미비한 수준이었다. 따라서 필자는 채널사들이 스스로 활동할 수 있게 하기 위해서 어떠한 생태계를 만들어야 하는지가 매우 고민스러웠다. 할인율을 적용하여 일정부분 마진을 제공해주는 것은 기본적인 방법인데, 이러한 방법 외에 비즈니스 측면에서 상호작용이 활발하게 발생할 수 있도록 실질적인 협업방식 마련이 절실

하였다. 필자가 찾고자 했던 것은 결국 플랫폼 안에서 여러 플레이어들과 주고받을 수 있는 '바터의 조건'이 필요했던 것이다.

이러한 '바터의 조건'을 정립하기 위해서 필자는 먼저 채널사들이 기존에 진행하던 사업모델(파이프라인 사업모델)들에 대해 분석하여 그 유형을 정리하였다. 크게 세 가지 유형으로 구분할 수 있었으며, ①하드웨어와 같이 장비 유통을 중심으로 하는 기업, ②소프트웨어 상용제품을 개발하는 기업, 마지막으로 ③고객의 요구사항을 개발하는 시스템통합SI: System Integration 기업으로 구분되었다. 물론 대부분의 기업들이 특정 한가지 유형만 진행하진 않았고 복합적으로 사업을 진행하였다. 이러한 유형을 바탕으로 '플랫폼 비즈니스의 생태계'를 만들기 위해 채널사들에게 제시할 수 있는 유인책(=바터의 조건)을 수립하였다. 이러한 유인책에는 크게 네 가지로 유형이 있었으며, (a)장비 일체형, (b)결합상품, (c)서비스 모델 그리고 (d)화이트 라벨링이 이에 해당된다.

생태계 상품개발(바터의 조건) 예시

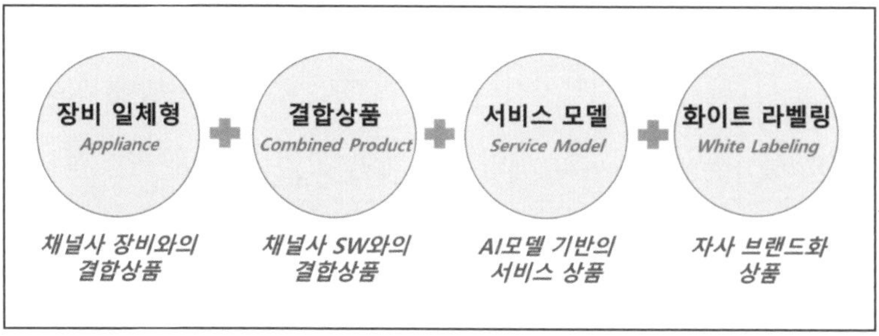

상기 4가지 생태계 유형(바터의 조건)은 채널사들이 이미 갖고 있는 기존 사업모델에, 추가적으로 상품을 결합하여 새로운 사업기회를 모색하는 방향으로 수립하였다. B2B 플랫폼 비즈니스의 핵심은 바로 '돈 벌기 위한 새로운 사업구조'를 얼마나 폭넓게 제공해주는지라고 할 수 있다. 오로지 돈을 벌기 위해 존재하는 여러 협력업체에게 그들의 입맛에 맞는 조건을 제시해주지 못한다면 B2B 기반의 플랫폼 비즈니스는 추진 그 자체가 불가능하기 때문이다.

(a) 장비 일체형Appliance

'장비 일체형'이란 필자가 판매하던 빅데이터 플랫폼을 소프트웨어 단독으로 판매하는 것이 아니라, 장비에 설치한 상태에서 일체형으로 판매하는 방식을 의미한다. 장비유통을 전문으로 하는 채널사와 협업하기 위한 비즈니스 모델에 해당한다. 장비를 유통하는 채널사 입장에서 보면, 기존에 장비만 판매하는 것보다 사업규모는 키울 수 있고, 또한 자신들의 비즈니스 포트폴리오를 넓힐 수 있는 기회라고 할 수 있기 때문에, 장비 일체형으로 사업을 진행하는 것이 본인들에게도 분명 도움이 된다고 판단할 것이다. 물론, 소프트웨어에 대한 경험이 상대적으로 부족하여 발생 가능한 리스크를 어떻게 해결할 것인지에 대한 고민은 있겠지만, 회사의 전략적인 측면을 고려한다면 나쁘지만은 않은 선택일 것이다. 이러한 장단점을 비교하여 이익이 되는 요소가 더 많다고 판단된다면, 플랫폼 안에서 스스로 알아서 활동하는 훌륭한 플레이어가 될 것이다.

(b) 결합상품 개발

'결합상품 개발'이란 채널사가 기존에 보유하고 있는 소프트웨어와 플랫폼 기업이 갖고 있는 소프트웨어를 결합하여 새로운 상품을 만들어 판매하는 방식을 말한다. 물론 기본적인 전제조건으로 두 상품의 기능이 유사하지 않고 상호 보완적이어야 시너지 효과가 발생할 수 있다. 예를 들어 빅데이터 분석 플랫폼에 시각화 기능을 추가한다든지, 아니면 데이터를 저장할 수 있는 부분을 추가한다든지 말이다. 이 또한 채널사가 보유한 기존 소프트웨어의 확장개념에 해당함으로 훌륭한 생태계 상품이라고 할 수 있다.

(c) 서비스 모델

'서비스 모델'이란 인공지능AI: Artificial intelligence 모델을 제공하여 서비스를 개발하는 것을 말한다. 참고로 인공지능 모델이란 빅데이터 분석 플랫폼을 활용하여 만든 결과물을 의미하며, 예를 들어 '판매량 예측 모델', '상권분석에 따른 최적입지 예측 모델'과 같이 기존 데이터의 패턴을 분석하여 예측을 하는 서비스를 말한다. 이러한 비즈니스는 인공지능 모델을 개발할 수 없는 채널사가 자신이 개발하는 시스템에 해당 모델을 추가하여 고객에게 납품하는 형태를 말한다. 이 또한 채널사의 사업영역을 확대할 수 있기 때문에 훌륭한 생태계 상품이라고 할 수 있다.

(d) 화이트 라벨링White Labeling

화이트 라벨링이란, 유통 혹은 판매를 전문으로 하는 어느 한 기업이 다른 기업의 상품을 판매하되, 해당 기업의 상품명을 그대로 사용하지 않고 자사의 브랜드를 붙여서 판매하는 방식을 의미한다. 이러한 개념을 플랫폼 안에서 플레이어의 활동성을 활성화시키는 방안으로도 활용할 수 있다. 기존에 소프트웨어를 유통하는 채널사도, 또는 시스템통합SI: System Integration 사업을 전문으로 하는 채널사도 자신의 회사 브랜드를 붙여서 판매함으로써 전문기업의 이미지를 만들 수 있다.

플레이어가 플랫폼 안에서 스스로 활동할 수 있도록 생태계를 만들어 주는 방법과 관련하여 정해져 있는 완벽한 정답은 존재하지 않는다. 위에서 예시를 든 것은 필자의 경우 이러한 방법으로 접근해서 활동성을 올리고자 했던 것이고, 어떻게 보면 이 방법 또한 정답이 아닐 수도 있다. 자신이 처한 비즈니스 상황은 그 어느 누구보다 자신이 가장 잘 알고 있기 때문에, 플레이어의 유형을 구분하고, 그에 따른 '바터의 조건'을 정립하는 것 또한 본인 만이 가능하다.

추가적으로, B2B 기반 플랫폼 비즈니스의 생태계를 설계할 때에는 아래의 '생태계를 위한 바터의 조건 정립표'를 반드시 작성하기를 추천한다. 표 양식만 보면 매우 간단하지만, 자신의 생각을 정리하고 바터의 조건을 정립하는데 매우 큰 도움이 되리라고 확신한다. 계속해서 말하지만, 핵심은 채널사 그들이 플랫폼에 참여한다면 분명히 새로운 사업기회가 발생할 수 있고, 또한 사업영역을 확대할 수 있다고 확신을 주어야 한다. 그 구체적인 방법이 바로 '바터의 조건'인 것이다.

생태계를 위한 바터의 조건 정립표

유형	유형 설명	플레이어의 이익
AAA 형		
BBB 형		
CCC 형		

필자는 "① 핵심 가치관에 대한 이해"에서 B2B 플랫폼 비즈니스를 진행하기 위해서는 '단기적 매출을 고려한 상호작용'이 중요하다고 강조하였고, 보다 상세적으로 '현재의 매출발생을 기반으로 플랫폼을 운영하되, 미래의 상호작용 확대를 고려한 구조를 확

보해야 한다'라고 설명하였다.

그럼 이러한 '현재의 매출확보'과 '미래의 상호작용'은 플랫폼 비즈니스 모델 캔버스PBMC에서 어느 부분에 고려를 해야 할까? 먼저 '미래의 상호작용'은 지금 설명한 생태계 구성을 위한 바터의 조건을 정립하는 부분이 이에 해당된다고 할 수 있다. 이러한 바터의 조건들이 왜 미래에 해당되는가 하면, 바로바로 즉각적으로 노력의 결과물이 나오는 것이 아니라 채널사가 해당 사업모델을 적용하고 준비하는데 시간이 꽤 소요될 뿐만 아니라, 무엇보다 시장에 해당 제품을 영업하고 결과물이 나오기까지 꾸준한 인내가 필요하기 때문이다. 이제까지 경험이 없었던 영역에 새롭게 진출하다 보니 내부적으로 조직을 구성하여 구성원의 역량을 향상시켜야 하고 상품화까지 준비를 해야 하므로 예상한 것보다 시간이 많이 소요될 수 있다. 하지만 상품화까지 간 상태라면, 그때부터는 해당 채널사도 앞뒤 보지 않고 시장으로 열심히 달릴 것이다. 그동안 쏟아부은 투자금을 뽑아내야 하기 때문이다. 즉, 플랫폼을 운영하는 기업과 플랫폼에 참여하는 플레이어의 핵심성과지표KPI가 서로 일치하게 됨으로 엄청난 시너지 효과가 발생하는 것이다.

반면에 '현재의 매출확보'는 "③ 채널링Channeling" 영역에서 그 방법을 고려해야 한다. 채널링이란 플랫폼 안에서 상호작용을 일으키는 플레이어들을 만들어 내고, 상호작용이 잘 일어날 수 있도록 유지시키는 방법에 대해 정의하는 영역이라고 이미 설명하였다.

즉, B2B 기반의 플랫폼 비즈니스는 기업 간에 플랫폼 비즈니스를 진행하는 경우이므로 당장 매출이 얼마가 나올 것인가에 모든 관심이 집중된다. 그렇다 보니 미래의 상호작용은 상대적으로 적은 관심을 갖는다. 따라서 현재 바로바로 나올 수 있는 매출이 있어야 플랫폼에 지속적으로 참여하고 활동을 유지할 수가 있는 것이다. 이 영역에서의 전략은 "④ 플레이어 관계Player Relationship"에서 언급한 바터의 조건과 같은 거창한 전략보다는 우리가 이미 잘 알고 있는 세일즈 전략을 그대로 적용하면 된다.

⑤ 수익원 : Revenue Stream

수익원이란 플랫폼 비즈니스를 통해 어떻게 '돈'을 버는 구조로 만들 것인가에 대해 고민하는 영역에 해당한다. 우리에게 익숙한 쿠팡과 같은 B2C 플랫폼 비즈니스의 경우에는 광고, 수수료 등의 수익모델이 존재하지만, B2B를 기반으로 하는 플랫폼 비즈니스 경우에는 크게 두 가지 유형이 존재한다.

첫 번째는 일정한 할인율을 적용하여 채널사에게 수익을 보장하는 방식이다. 플랫폼 비즈니스 외에도 기존 파이프라인 비즈니스에서 매우 일반적인 수익창출 방식에 해당된다. 할인을 받은 채널사는 자신의 영업활동에 대한 마진을 추가하여 고객에게 판매함으로써 마진을 챙기는 방식이다. 이전에는 일시불 라이선스Perpetual License를 제공하는 방식이었으나, 최근에는 지속적 매출확보를 위해 연 단위 라이선스Annual Subscription License 방식을 적용하고 있다. 우리가 매일 쓰고 있는 엑셀, 파워포인트의 마이크로소프트 MS오피스Office도 이러한 연 단위 라이선스 정책을 적용하고 있을 정도로 이제는 대중적인 과금 방식에 해당한다. 이와 같이 단기적 매출확보를 위해 제품을 유통하는 경우 외에 생태계 확보를 위한 바터의 조건((a)장비 일체형, (b)결합상품 개발, (c)인공지능 기반 서비스 모델, (d)화이트 라벨링)을 적용한 경우라면, 마진의 정도를 단순한 유통보다 더 높게 책정할 수도 있다. 다만, '서비스 모델'의 경우라면 할인율 적용보다는 일종의 러닝 개런티Running Guarantee 방식을 적용하는 것이 일반적이다. 예를 들어 '판매량 예측 모델'을 특정 서비스에 적용한 경우, 일정한 금액을 일률직으로 적용한다기보다는, 해당 인공지능 모델이 실제 사용된 횟수만큼 비용을 지불하는 방식으로 수입모델을 가져가는 것이다. B2B 플랫폼 비즈니스를 운영하는 기업의 입장에서는 플랫폼 사업의 활성화를 위해 우선 투자를 한 후, 해당 채널사가 시스템을 운영하면서 사용한 만큼 투자금을 회수하는 것이다. 이러한 방식을 적용하는 이유는 채널사 입장에서 사업모델을 새로 만드는데 상대적으로 적은 비용으로 시작할 수 있도록 함으로써 플랫폼 비즈니스를 활성화하는데 유용하기 때문이다. 이러한 러닝 개런티 방식이 두 번째 수익모델에 해당된다.

⑥ 핵심자원 : Key Resource

핵심자원이란 B2B 플랫폼 비즈니스를 진행하는데 필요한 모든 자원을 정의하는 영역으로, 인적자원, 물적자원, 지적자원뿐만 아니라 마케팅 및 세일즈 등을 위한 비용 등도 이에 해당된다. 물론 플랫폼을 운영하다 보면 생각하지 못한 자원이 필요할 수도 있고, 예상했던 것 보다 더 많은 자원이, 반대로 예상했던 것 보다 더 적은 자원이 필요할 수도 있다. 하지만, 미리 예상을 하고 사전에 준비를 하는 것과 그렇지 않은 것에는 분명한 차이가 있다. 다만 플랫폼에서 활동하는 플레이어 각각에 필요한 자원까지는 정의할 필요는 없다.

핵심자원을 정의하는데 가장 중요한 것은 '자원량'과 '투입시점'이라고 할 수 있다. 자원량은 얼마만큼의 자원을 투입할 것인지를 정의하는 것으로, 조직의 운영예산을 수립하는데 매우 중요한 요소이다. 투입시점은 언제 비용을 집행할 것인지를 예상하는 것이며, 자금운영 계획을 수립하는데 매우 중요한 요소에 해당된다. 어쨌든 두 요소 모두 기업의 재무제표와 연결된 중요한 요소임에는 틀림없다.

⑦ 핵심 성과지표 : Key Performance Indicator

핵심 성공지표란 플랫폼 비즈니스를 진행하는데 최종 목표를 달성하기 위해 어떠한 요소를 평가지표로 설정하여 사업을 진행할 것인지를 결정하는 영역이다. 우리가 익숙한 전통적인 파이프라인 기업의 경우에는 매년 경영전략에 맞추어 핵심 성과지표KPI: Key Performance Indicator를 설정하고 얼마나 달성했는지를 평가하여 인센티브 및 승진 등으로 보상을 한다. 이러한 성과지표는 기본적으로 돈을 얼마나 벌었는지를 평가하는 재무적인 관점을 기반으로 현금 흐름, 재고 회전율, 영업 이익, 원가절감 및 품질향상 등이 대표적인 성과지표에 해당한다.

하지만, B2B 플랫폼 비즈니스에서는 기존 파이프라인 기업의 그것과는 다르게 접근해야만 플랫폼 사업이 성공할 수 있다. "① 핵심 가치관에 대한 이해"에서 설명하였듯이, 처음 이익이 발생하기까지 쿠팡은 8년, 우버는 12년, 아마존은 6년이 걸렸다. 오로지 '시장점유율'과 '이용자 확대'를 위해 천문학적인 비용을 투자한 것이다. 이러한 과정을 통해 시장 지배사업자 위치에 올라서면서 그때서야 이익이 조금씩 발생하고 안정적으로 사업을 진행할 수 있는 것이다. 하지만, 우리가 지금 고민하고 있는 B2B 기반의 플랫폼 비즈니스 경우는 쿠팡, 우버, 아마존과 같은 B2C 기반의 플랫폼 비즈니스와는 다른 방법으로 접근해야 한다. 가장 큰 이유는 B2B 플랫폼 비즈니스의 경우에는 B2C와 같이 장기간 대규모 투자 자체가 불가능하기 때문이라고 이미 앞에서 설명하였다. B2B는 기업 간 거래이기 때문에 당장의 매출을 매우 중요하게 생각하고 있으며, 손익을 해치면서까지 플랫폼 비즈니스를 지속적으로 투자할 경영자는 지구상에 존재하지 않는다. 앞에서 여러 번 설명하였다. 따라서, B2B 기반의 플랫폼 비즈니스의 핵심 성과지표를 설정할 때에는 그 성장과정을 고려하여 단계별 차별화된 지표설정과 그에 맞는 활동 관리가 매우 중요하다.

B2B 기반 플랫폼 비즈니스의 단계별 성과지표

구분	성장 단계	안정화 단계
시장에서의 역할	비즈니스 모델 발굴	시장 지배사업자
적용시점	운영 초기시점	손익분기점BEP 달성 시점
평가지표 중심	플레이어 활동성 – 사업기회 발굴 – 상호작용 정도 – 바터의 조건 적용	플랫폼의 재무성과 – 플랫폼 운영 기준
플랫폼 운영 초점	현재의 매출확보	미래의 상호작용

B2B 플랫폼 비즈니스에서의 성과지표는 성장단계와 안정화단계로 나누어 지표를 설정해야 한다. 우선 성장단계란 플랫폼 비즈니스를 시작하여 성장은 하고 있으나, 아직은 시장에서 큰 성과를 못 보고 있는 상태라고 할 수 있다. 따라서 이러한 단계에서 평가지표의 중심은 플레이어의 『활동성』에 초점을 맞춰야 한다. 다만, 주의할 것은 플레이어의 활동성에 대한 평가지표가 각각의 플레이어 관점이 아닌, 플랫폼을 운영하는 조직 관점에서 생각해야만 한다. 플레이어의 『활동성』을 평가하는 방법에는, 얼마나 사업

기회가 발생하고 있는지, 플레이어와의 상호작용이 얼마나 만들어 내고 있는지, 그리고 수립된 바터의 조건을 플레이어와 얼마나 실제 적용을 하고 있는지를 측정해야 한다. 그리고 현재의 매출확보를 측정하기 위해, 채널사들이 사업기회를 얼마나 갖고 오는지에 대한 평가 또한 필요하다. 앞서 언급한 대로 B2B 플랫폼 비즈니스 특성으로 인해 당장의 매출확보도 매우 중요하기 때문에 이러한 사업기회 관리가 매우 중요하다. 바터의 조건과 플레이어와의 상호작용에 대한 성과지표는 현재보다는 미래의 플랫폼 운영을 고려한 성과지표라고 할 수 있다. 이러한 요소를 관리하는 이유는 플랫폼을 운영하는 기업과 플랫폼에 참여하는 플레이어 간 핵심성과지표^KPI^를 일치하게 만들기 위한 활동 및 과정이라고 생각하면 된다. 만약 현재의 매출만을 중심으로 핵심성과지표를 가져간다면, 그것은 플랫폼 사업이 아닌 단지 유통사업을 하는 것을 의미하며, 상품의 재판매^Reselling^에 해당할 뿐이다.

하지만 B2B 플랫폼 비즈니스가 안정화 단계에 접어들면서는 조금은 다른 평가지표를 사용해야 한다. 안정화 단계에 대한 기준은 시장의 지배사업자가 된 시점, 즉 플랫폼을 운영하는 데 있어서 손익분기점을 확보한 상태라고 할 수 있다. 이 시점부터는 본격적으로 사업이 시장에서 안착된 상태이기 때문에, 플랫폼에서 활동하는 플레이어들이 스스로 알아서 활동하는 단계라고 할 수 있다. 따라서 안정화 단계부터는 바터의 조건을 기반으로 플레이어 간 활발한 상호작용이 폭발적 매출로 이어지는 만큼 손익관점, 플레이어 관리 관점을 중심으로 성과지표를 관리해야 한다.

⑧ 핵심 규칙 : Key Regulation

핵심 규칙이란 플랫폼 비즈니스를 진행하는데 있어서 활동의 기준을 정하는 영역으로, 크게 활동측면과 시스템측면으로 구분된다. 활동측면에서는 플랫폼을 운영하는 데 있어서 플레이어의 활동에 대한 기준을 정의하게 된다. 예를 들어 플레이어에게 바터의 조건에 따라 제품을 제공할 때 정가List Price에서 얼마만큼 할인율을 부여할 것이지, 상품화를 통해 재판매하는 경우에 판매가격의 기준은 어떻게 할 것인지, 제품 단종 선언EoL: End of Life, 제품 서비스 종료EoS: End of service 그리고 윤리적 경영활동 등은 어떠한 기준이 있는지를 정한다. 즉, 플랫폼 안에서의 모든 활동 기준을 정립하는 것이다. 시스템측면에서는 플레이어의 영업활동(사업기회)을 시스템상에서 등록하고 관리하는 기능이 대표적인 규칙에 해당한다. B2B 플랫폼 비즈니스 상에서의 플레이어는 기업이므로 자신들이 보유하고 있는 고객과 사업기회를 관리하는 것이 매우 중요하기 때문이다. 대표적으로 '기회발굴OI: Opportunity Identification' 관리라고 표현을 하는데, 이것은 자신들이 발굴한 사업기회를 시스템에 등록함으로써, 다른 플레이어가 해당 고객과 사업기회에 참여하지 못하도록 우선권을 부여받게 된다. 이것은 투명하게 사업기회를 관리한다는 측면에서 시스템적으로 관리될 필요가 있다. 이러한 기준을 사업 기획단계에서부터 수립하지 않고 그냥 진행한다면, 플랫폼에 참여하는 플레이어로부터 많은 원성을 사게 되고, 결국 플랫폼에 불만을 품고 이탈하게 된다.

【필자의 적용방안】

필자의 경우 또한 위에서 언급한 두 가지 사항뿐만 아니라, 비즈니스 파트너십 계약서BPA: Business Partnership Agreement를 만들어 플랫폼에 참여하는 기업들의 법적 기준을 먼저 마련하였다. 참여를 희망하는 기업은 반드시 비즈니스 파트너십 계약서BPA를 채결해야 하며, 실제 계약이 발생할 때에는 사업의 특성을 고려하여 추가적인 계약서를 작성하였다. 비즈니스 파트너십 계약서에는 플랫폼 운영사업자와 플랫폼 참여사의 역할에 대한 정의를 중심으로, 판매되는 제품 리스트, 비즈니스 파트너십 계약서의 갱신주기 등을 정의하였다. 추가적인 계약서에는 실제 거래가 발생한 경우인 만큼 판매되는 상품의 구체적인 규격과 금액, 세금계산서 발행시점 그리고 입금시기 등이 주요 내용이었다.

⑨ 비용구조 : Cost Structure

비용구조란 플랫폼을 운영하는데 필요한 예산을 정의하는 영역이다. 대표적으로 인건비, 재료비 및 경비가 있으며, 인건비에는 내부 인력의 비용에 해당하는 노무비와 외주 인력의 비용에 해당하는 외주비가 있다. 재료비에는 소프트웨어 비용과 서버 등의 비용이 있으며, 경비에는 사무실 운영비용, 복리후생, 보험료, 통신비, 마케팅비 등 인건비와 재료비를 제외한 모든 비용이 해당된다. 사실 이러한 구분은 누구나 잘 알고 있을 것이다.

비용구조를 설계할 때에는 가장 중요한 것이 "⑥핵심자원"에서 정의된 자원을 활용하는 데 있어서 자금을 어떻게 조달할 것인지 계획을 세우는 것이다. 어떻게 보면 앞에서 언급한 인건비, 재료비, 경비는 자원조달 이후에 고민해도 되는 부분이다. 스타트업 기업이라면 초기 투자비를 누구를 통해 어떻게 조달할 것인지를, 기존 파이프라인 비즈니스를 하는 기업이라면 누구로부터 투자를 받아 새로운 유형의 사업인 플랫폼 비즈니스를 수행할 것인지 계획을 세워야 한다. 뿐만 아니라 플랫폼 비즈니스를 1년 혹은 2년 진행한 후 사업을 접지는 않을 것이므로, 장기적으로 비용충당을 어떻게 할 것인지도 계획을 세워야 한다. 물론 이러한 계획은 "⑤수익원"에서 정의한 수익이 얼마나 발생할 것인지를 고려하여 자금의 흐름을 계획해야 한다. 장기적 관점의 비용계획은 현실에서의 결과와 동떨어진 경우가 많고, 시시각각 발생하는 경영상의 이슈로 인해 계획한 대로 진행되지는 않지만, 그래도 기본적인 방향성을 수립한다는 관점에서 장기적 관점의 자금흐름 방안을 수립하는 것이 필요하다.

지금까지 우리는 많은 장표를 할애하여 비즈니스 모델 캔버스Business Model Canvas의 컨셉을 기반으로 B2B 기반의 플랫폼 비즈니스 모델을 어떻게 개발하고 설계해야 하는지에 대해 살펴보았다. 무엇보다 필자가 경험했던 B2B 플랫폼 비즈니스 사례를 들어 이해를 높이고자 하였다. 중요한 개념이니만큼 각 요소별로 특징을 설명하되 필자의 경험을 중심으로 다시 한번 정리해보고자 한다.

먼저 '① 플레이어 세그먼트Player Segments'는 플랫폼에서 활동하는 플레이어를 정의하고 각 플레이어가 어떠한 역할을 할 것인지 정의하는 영역이다. 필자가 진행한 플랫폼에서는 오랜 기간 사업을 진행한 이유로 상대적으로 쉽게 정의할 수 있었으며, 유통을 하는 리셀러Reseller와 에코상품을 개발하는 에코 파트너eco Partner로 크게 두 가지 유형의 플레이어 세그먼트로 정의하였다. 고객은 공공, 금융, 제조 등의 산업군Industry을 기준으로 구분하였다.

'② 가치제안Value Proposition'는 우리의 플랫폼이 시장에서 존재해야 하는 이유를 정의하는 영역이다. B2B는 기업 간 비즈니스를 진행하는 경우이므로, 경쟁 플랫폼과 비교하여 어떠한 차별화를 제시해줄 수 있는지를 보다 구체적으로 정의할 필요가 있다. 필자는 시장의 경쟁상황을 고려하여 '고객 환경에 최적화된 기능과 기술 지원이 가능하다'라는 컨셉을 활용하여 차별화를 하였다.

'③ 채널링 연계Channels Connection'은 플랫폼 안에서 상호작용을 일

B2B 기반 플랫폼 비즈니스 모델 개발 예시

핵심 규칙 8

KR: Key Regulation

- 활동 측면
  - 할인률 정책
  - 유통 정책
- 시스템 측면
  - 사업기회 관리
  - 법적 기준

핵심 성과지표 7

KPI: Key Performance Indicator

- 평가지표 설정
  - 단계별 지표관리
    - ▶ 성장 단계
    - ▶ 안정화 단계

핵심자원 6

KR: Key Resources

- 필요자원 정의
  - 인적자원
  - 물적자원
  - 지적자원

가치 제안 2

VP: Value Propositions

- 플랫폼이 제시하는 구체적 차별점
  - 고객 환경에 최적화된 기능과 기술지원
- 수치적으로 표현

플레이어 관계 4

PR: Player Relationships

"미래의 상호작용"

- 상호작용 확대
  - 바터의 조건
    - ▶ 장비 일체형
    - ▶ 결합상품
    - ▶ 서비스 모델
    - ▶ 화이트 라벨링

채널링 연계 3

CC: Channeling Connection

"현재의 매출확보"

- 플레이어 모집/유지
  - 롱/숏 리스트 관리
  - 채널활동 부스팅

플레이어 세그먼트 1

PS: Player Segments

- 플레이어 정의
  - 리셀링
  - 에코 파트너
- 활동과 역할 정의
  - 유통
  - 에코상품 개발

비용구조 9

CS: Cost Structure

- 플랫폼 운영을 위한 자금조달 방법
- 예산정의
  - 인건비, 재료비, 경비

수익원 5

RS: Revenue Streams

- 돈을 버는 구조
  - 일정 할인률 일괄 적용
  - 매출 분배 (Revenue Sharing)
  - 런닝 개런티 (Running Guarantee)

으키는 플레이어를 어떻게 모집하고 관계를 유지해 나갈 것인지를 고민하는 영역이다. 필자의 경우 롱리스트Long List 및 숏리스트Short List를 관리하였고, 채널활동 부스팅Boosting을 진행하였다. 무엇보다 기업 간 거래를 기반으로 함으로 단기적 매출확보를 위한 활동도 병행하였다.

'④ 플레이어 관계Player Relationships'은 비즈니스 모델 캔버스Business Model Canvas에서 가장 중요한 영역으로 플레이어의 참여도를 올리기 위해 어떠한 전략을 사용할 것인가를 정의하는 영역이다. 즉, 다양한 아이디어를 통해 바터의 조건을 정립해야 하며, 이것은 결국 미래의 상호작용에 큰 영향을 미친다. 필자의 경우 '바터Barter의 조건은 '장비 일체형', '결합상품', '서비스 모델', 그리고 '화이트 라벨링'으로 하였다.

'⑤ 수익원Revenue Stream'은 돈을 버는 구조를 어떻게 가져갈 것인지를 정의하는 영역이다. 필자의 경우에는 할인적용, 및 런닝 개런티Running Guarantee의 2가지를 적용하였다.

'⑥ 핵심자원Key Resource'은 플랫폼을 운영하기 위해 필요한 자원을 정의하는 것으로, 인적자원, 물적자원 그리고 지적자원 등이 이에 속한다.

'⑦ 핵심성과지표Key Performance Indicator'은 어떠한 지표를 활용하여 플랫폼의 운영현황을 평가할 것인가에 대한 고민으로, B2B 시장의 특성을 고려하여 성장단계와 안정화단계로 구분하여 평가지표를 설정하고 관리할 필요가 있다.

'⑧ 핵심규칙Key Regulation'에서는 플랫폼을 운영하는 데 있어서 문제 및 이슈가 발생하지 않도록 활동의 규칙을 만드는 것으로 활동측면과 시스템 측면에서 정의한다.

마지막으로 '⑨ 비용구조Cost Structure'는 플랫폼 운영을 위해 발생되는 비용을 어떻게 조달하고 관리할 것인가에 대한 고민하는 영역이다. 기본적으로 비용은 인건비, 재료비 그리고 경비로 구분되며, 중요한 것은 중장기적 자금조달 방안에 대한 계획을 수립해야 한다.

B2B 플랫폼 비즈니스의 핵심 : 사업경험을 통한 고찰

B2B 기반의 플랫폼 비즈니스를 개발하기 위한 모델 캔버스에는 9가지 요소가 있다고 설명하였다. 플레이어 세그먼트부터 비용구조까지 사실 어느 하나 중요하지 않은 요소가 없다. 하지만 이러한 요소 중 가장 중요한 요소 하나를 고르라고 하면 무엇일까? 여러 전문가들이 각자의 기술적 경험을 바탕으로, 그리고 본인의 비즈니스 인사이트를 바탕으로 이러이러한 이유로 인해 어떠한 요소가 가장 중요하다고 말할 것이다.

필자의 20년이 훌쩍 넘는 IT경험과 디지털 트랜스포메이션 기술, 그리고 B2B 플랫폼 비즈니스를 직접 진행했던 경험을 비추어 봤을 때, 필자는 단 1초의 주저함 없이 한 가지를 뽑을 수 있다. 그것은 바로 "생태계ecosystem"이다. 앞에서 설명했지만, 생태계란 누군가 인위적으로 관리하고 운영하는 것이 아닌, 자생적으로 스스로 움직이는 것을 의미한다. 즉, 우리의 플랫폼이 누군가의 인위적 강요 없이 플랫폼에 참여하는 플레이어들로 인해 서로 상호 보완적인 활동을 발생시켜야 한다는 것을 의미한다. B2B 플랫폼 비즈니스는 기본적으로 상호작용의 주체가 기업인만큼, 단지 하나의 기업이 모든 것(생산, 영업, 유통 등)을 완결적으로 처리하는 것이 아니라, 여러 기업(=여러 플레이어)과 협업을 통해 "돈"이라는 가치를 만들어 간다. 이것을 다르게 표현하자면 플랫폼 안에서는 협업을 통해서만이 제대로 된 '가치'(=돈)를 만들 수 있다는 것이다. 상호작용을 해야만 '가치'를 만들 수 있고, 나아가 더 많은 '가치'를 만들기 위해서는 무조건 앞뒤 가리지 않고 '활발한 상호작용'이 있어야 하는 것이다. 이러한 '활발한 상호작용'의 출발점이 바로 '생태계'인 것이다.

앞에서 언급한바와 같이 필자는 B2B 플랫폼 비즈니스를 시작했던 첫해에 전국을 돌아다니며 수많은 기업을 만나 협업을 진행하였다. 어느정도 전국 채널망을 만들었다는 성과는 있었지만, 문제는 실질적인 상호작용이 제대로 발생하지 않았고, 뿐만 아니라 상호작용의 결과물인 가치 또한 제대로 구경도 해보지 못했다. 말이 좋아 B2B 기반의 플랫폼 비즈니스를 진행한다는 것이지, 실질적으로는 돈도 못 벌고 있던 상황이었다. 두번째 해에도 전국의 많은 기업을 만나고 상호작용을 만들고자 노력하였다. 하지만 좀처럼 결과물(가치)을 얻지 못했다. 끊임없이 고민하고 고민하였다. 도대체 무엇이 문제이고 플랫폼에 참여하는 플레이어는 무엇을 원하고 있을까? 무엇이 있어야 그들이 스스로 활동을 할까? 하고 말이다. 필자가 내린 결론은 하나였다. 불현듯 떠오른 생각이 바로 생태계. 그럼 플랫폼에서 스스로 활동할 수 있는 생태계는 어떻게 만들 수 있을까? 가장 먼저 고민한 것은 바터의 조건을 정립하는 것이었다. 내가 플레이어(채널사, 협력업체)에게 제시할 수 있는, 그리고 그들의 입맛 당길 수 있는 조건들을 정립해야 끌어들일 수 있다고 생각하였다. 이러한 고민을 바탕으로 필자가 활용할 수 있는 자원과 조직에서 갖고 있는 권한을 활용하여, 크게 네 가지 바터의 조건을 정립하였다. 이 네가지 바터의 조건은 앞에서 예시로 설명했던 '장비 일체형Appliance', '결합상품 개발', '서비스 모델' 그리고 '화이트 라벨링White Labeling'으로, 플레이어가 관심을 가질 만한 바터의 조건들, 그들이 이익을 가져갈 수 있는 바터의 조건들 그리고 그들의 경영전략에 부합될 수 있는 바터의 조건들을 위해 최대한 아이디어를 만들어 냈다. 이러한 고민의 결과는 플랫폼 비즈니스를 시작한 3년차부터 실질적인 효과가 발생하였다. 물론 앞에서 계속해서 강조한 바와 같이 '현재의 매출확보'도 고려하며 진행하였다.

중요한 것은 그들을 플랫폼 안으로 끌어들일 수 있는 조건들. 기업이라는 특성을 고려한 조건들을 정립하고 적용하고 있는가이다. 이 글을 읽는 독자도 마찬가지 일 것이다. 이 책을 읽고 있다면, 분명 플랫폼 비즈니스를 어떻게 진행해야 할 것인지에 대해 고민하고 있을 것이다. 플랫폼 비즈니스가 정착하기 위해서는 나의 고객 그리고 플랫폼에 활동하는 플레이어가 무엇을 원하고 있고, 나는 그것을 만족시켜줄 조건들을 제시하고 있는지 고민해야 한다. 이것이 플랫폼 비즈니스가 성공하기 위한 기본적인 출발점이다.

Chapter 2

B2C Business to Consumer 시장에서의 플랫폼 비즈니스 모델 개발방안

우리는 비즈니스를 진행하면서 여러 경쟁자들을 만나게 된다. 이러한 경쟁자는 기본적으로 '산업Industry'라는 기본적인 울타리 안에서 만나게 되는데, 최근 들어 이러한 울타리 안에서의 경쟁자가 아닌 새로운 유형의 경쟁자가 나타나면서 울타리라는 경계가 사라지는 경향이 발생하고 있다. 이것이 의미하는 것은 비즈니스를 영위하는 방식에 있어서 우리가 일반적으로 생각하는 상식의 경계를 넘어 전혀 새로운 사업의 형태로 확대되고 있다는 것을 말한다. 이러한 일반적인 상식을 넘어선 사업확장과 관련한 매스컴 기사들을 우리는 심심치 않게 접하고 있다. 예를 들어, 구글은 우리가 너무나 잘 알고 있듯이 검색엔진과 함께 모바일 운영체제OS: Operating System를 개발하는 대표적인 소프트웨어 기업이다. 그러던 기업이 자사 연례 개발자 회의인 '구글 I/OInput/Output 2022' 행사에서 종합 모바일 디바이스 기업이 되겠다고 발표하면서 6종의 디바이스(픽셀워치, 픽셀6a, 픽셀 버즈 프로, 팩셀7, 태블릿PC, 픽셀 태블릿)를 발표하였다. 유사한 사례로 마이크로소프트가 있는데, 우리가 이미 잘 알고 있다시피 마이크로소프트는 컴퓨터의 운영체제OS, 그리고 MS Office를 개발하는 기업인데, 언젠가부터 서피스Surface라는 이름으로 노트북을 제조하고 있다. 구글과 마이크로소프트 사례가 의미하는 것은 기존에 소프트웨어를 개발하던 기업이 사업영역을 제조업까지 확장한 것이라고 할 수 있다. 국내에서는 현대자동차가 대표적인 사례인데, 자동차를 생산하는 기업이 반도체 영역으로 사업영역을 확대한다고 발표하였다. 자동차를 만든다는 것과 반도체를 만든다는 것은 사실 개념 자체가 완전히 다른 것이라 현대자동차 입장에서도 큰 고민이 되었을 것이다. 우선 경험과 전문가 부족 그리고 비용의 폭발적 증가로 성공가능성이 매우 낮다는 고민이 있지만, 차량용 반도체 공급난이 장기화되고 상황이 나아질 기미가 없다 보니 불가피하다는 분석이 지배적이다. 이러한 고민에 따라 2022년 6월 제54회 주주총회에서 반도체전략TF의 신설을 공식화하였다. 테슬라의 경우도 마찬가지로 기존 전기자동차를 제조하던 것에서 배터리를 만드는 분야까지 진출하고 있다. 그 이유는 현대자동차와 마찬가지로 배터리 수급의 어려움과 기술의 내재화를 위한 목적이라고 할 수 있다.

경계를 넘어선 사업진출

테슬라 밧데리 생산

현대자동차 반도체 생산 발표

구글 픽셀 시리즈 행사

어떻게 보면 구글, 마이크로소프트, 현대자동차 그리고 테슬라의 경우는 그래도 조금은 예상할 수도 있을 법한 상황이라고 할 수 있다. 왜냐하면 새로 진출하고자 하는 산업분야가 그들이 이미 잘해오던 산업과 어느정도는 연관성이 있는 산업이기 때문이다.

하지만, 이제는 전혀 생소한 경쟁사가 나타나기 시작했다. 예를 들어 좋은 품질의 숙소와 서비스로 경쟁하던 호텔과 같은 기존 숙박업소의 경쟁자가 이제는 에어비앤비와 같은 IT기업이 되고 있으며, 백화점과 같은 오프라인 매장을 보유한 유통업체는 물리적인 실체가 전혀 없는 이커머스 업체와 경쟁하고 있다. 이제는 전혀 예상할 수 없었던 새로운 경쟁자와 사투를 벌이고 있는 것이다. 또 다른 특징은, 이러한 새로운 경쟁자의 공통점은 바로 IT기술을 바탕으로 한다는 것이다.

우리가 지금부터 함께 고민할 B2C Business to Consumer 기반의 플랫폼 비즈니스가 바로 업계의 기본 경계를 허물고 새로운 경쟁자, 그리고 새로운 사업형태를 보이는 대표적인 비즈니스라고 할 수 있다.

B2C 플랫폼 비즈니스의 이해

많은 독자들이 B2C(Business to Consumer)라는 용어는 이미 잘 알고 있으리라 생각된다. 간단히 설명하자면, 기업과 소비자 간의 거래를 의미하는 것으로, 기업이 소비자에게 제품 혹은 서비스를 직접적으로 제공하는 거래 형태를 말한다. 따라서 B2C 기반으로 플랫폼 비즈니스를 진행한다는 것은, 기업이 직접 소비자에게 제품 혹은 서비스를 제공하는 것이 아니라, 플랫폼이 기업과 소비자를 중간에 연결시켜 거래가 발생할 수 있도록 도와주는 비즈니스를 의미한다. B2C 플랫폼 비즈니스를 글로서 설명하는 것이 오히려 어렵게 느껴질 수 있는데, 예를 들어 쿠팡, 11번가, 배달의민족, 아마존, 에어비앤비, 우버 등이 우리가 일상생활에서 흔하게 접하게 되는 B2C 플랫폼 비즈니스의 사업형태라고 할 수 있다. 쿠팡과 11번가에서는 직접 상품을 제작하지 않으며, 배달의민족은 직접 음식을 조리하지 않는다. 또한 아마존도 직접 책을 만들지 않고, 우버도 직접 자동차를 운행하지 않는다. 단지 상품을 만드는 회사와 일반 소비자를 연결해주거나, 음식을 만드는 음식점과 소비자를 연결시켜줄 뿐이다.

이러한 B2C 플랫폼 비즈니스가 B2B[Business to Business]를 기반으로 하는 플랫폼 비즈니스와의 가장 큰 차이점은, 플랫폼을 통해 거래되는 상품 혹은 서비스의 최종 소비자가 기업인가 아니면 일반 소비자인가라고 할 수 있다. 별것 아닌 것처럼 생각될 수 있으나, 최종 고객이 누구 인가에 따라 플랫폼을 통해서 발생되는 거래의 기본적인 개념에서 큰 차이가 발생한다

B2B에서는 최종고객이 기업에 해당함으로 생산자와 고객과

B2B와 B2C 비즈니스의 차이점

구분	성장 단계	안정화 단계
기본 개념	상품/서비스의 최종사용자가 일반 소비자	상품/서비스의 최종사용자가 기업
관계	단기적 관계	지속적 관계
구매결정	개인적 선호 (평판)	논리적 계획 (이익)
구매배경	광고 등 마케팅 (입소문)	상호관계 (이슈 해결)

의 관계가 특별한 문제가 발생하지 않는 한 지속적인 관계를 가지고 간다. 기업고객이 해당 업체를 선택한 이유는 자신들의 기업에 여러가지를 고려했을 때 분명 도움이 된다고 생각했기 때문에 선택한 것이므로, 거래가 지속적으로 발생할 가능성이 높다. 하지만, B2C에서는 일반 소비자가 고객에 해당하므로 거래의 발생 출발점이 논리적 판단보다는 개인적 선호에 의해 거래가 발생하며, B2B에 비해 그 거래빈도가 상대적으로 단기적이다. 우리가 인터넷 쇼핑을 할 때 상품평, 금액, 품질 등 여러가지 요소를 비교해가며 상품을 평가하지만, 결국은 본인이 그냥 가장 맘에 드는 상품을 선택하는 경우가 많다. 또한 특정 하나의 플랫폼에서만 구매하지 않고, 더 낮은 가격을 제시하는 플랫폼이 있다면 망설임 없이 결제를 한다. 따라서, 구매가 발생하는 배경적인 측면을 생각해보면, B2B는 플레이어 간 상호작용에 의해서, 그리고 B2C의 경우는 광고 등의 마케팅을 통해서 상품에 대한 긍정적 선입견이 발생하고 이를 통해 구매할 상품이 결정되는 과정을 거치게 된다.

B2C 플랫폼 비즈니스에서의 핵심

앞에서 살펴보았듯이, B2B와 B2C는 개념적으로 차이가 크다. 특히, 제품 혹은 서비스를 판매해야 하는 우리의 입장, 즉 플랫폼을 만들고 운영해야 하는 우리의 입장에서 생각해본다면, 고객이 제품 혹은 서비스를 구매하도록 어떻게 만들 것인가의 마케팅 측면에서 그 차이점을 이해할 필요가 있다.

먼저, B2B 플랫폼 비즈니스에서는 기본적으로 잠재적 고객에게 우리의 제품 혹은 서비스의 장점을 일방적으로 강요하는 방식을 취한다. 앞에서 "B2B 플랫폼 비즈니스의 방향"에서 설명했듯이, 우리의 고객이 제품 혹은 서비스를 구매하는 목적은 명확하다. 고객이 현재 고민하고 있는 내부적 이슈에 대해 '생산성 향상' 또는 '비용절감'을 시키거나 아니면 '리스크 및 이슈의 제거'를 위해 우리의 제품을 구매하는 것이다. 따라서 기업고객을 대상으로 하는 마케팅은 이러한 '생산성 향상', '비용절감' 그리고 '리스크 및 이슈의 제거'를 위해, 우리의 정형화된 제품이 매우 유용하다고 구체적 숫자와 함께 얼마나 좋아지는지를 고객에게 강요하는 마케팅이 필요하다. 고객의 수요와 구체적인 요구사항에 대해 서로 상호작용한다기보다는, 자신들의 브랜드 인지도를 높이는 마케팅 활동을 중심으로 고객이 '선택할 수밖에 없는 상품'이라고 인지를 시키는 것이다.

하지만, B2C에서는 완전히 다른 접근이 필요하다. B2C에서 고객이 상품을 선택하는 기준은 논리적 판단보다는 정성적 판단이 더 큰 영향을 미친다고 이미 언급하였다. 우리가 흔히 경험하는 것이 있는데, 어떤 한 상품을 인터넷 쇼핑몰을 통해 구매를 할 때 우리는 가장 먼저 가격대를 살펴보게 된다. 적당한 가격수준을 정하면 해당 제품들의 가성비를 따져보고 디자인도 열심히 검색한다. 그런데 최종 결정은 항상 원래 처음부터 관심이 있었던 상품을 구매한다. 매우 논리적으로 분석한 후 그냥 개인적으로 관심이 있었던 상품을 구매하는 것이다. B2C에서는 일반적으로 이러한 패턴으로 상품을 결정한다. 이런 개인적 선입견이 발생하는데 가장 큰 영향을 미치는 요소가 바로 '입소문'이다. 친한 지인의 말 한마디가, 엄청난 예산을 들여 방송하는 TV광고보다 훨씬 큰 영향을 미치는 것이다. 결국 B2C 플랫폼 비즈니스의 활성화를 위해서 가장 중요한 것은 '입소문'이 날 수 있도록 하는 '긍정적 네트워크'를 만드는 것이다. 입소문 마케팅Viral Marketing은 누구의 부탁에 의해서가 아닌 소비자가 자발적으로 상품의 특징을 다른 사람들에게 전달함으로써 긍정적인 네트워크를 만들도록 한다. 입소문의 대표적인 사례가 아마도 쿠팡의 새벽배송일 것이다. 쿠팡이 대규모 투자를 받고 전국 물류센터를 만들어 새벽배송을 시작했을 때에는 로켓배송 이용자가 그렇게 많지 않았다. 하지만, 직장인 주부들에게 입소문이 나면서 이용자가 폭발적으로 증가하였고, 2020년 이후 코로나로 인해 사회적 거리두기가 의무화되면서, 그동안 주요 타깃층이 아니었던 50대와 60대에까지 빠르게 퍼져 나갔다. 이것은 광고를 보고 새벽배송을 선택한 것이 아니라, 그분들의 자녀를 통해 이야기를 듣고 배우면서 접하게 된 것이다. 이렇게 B2C 플랫폼 비즈니스에서는 기존 파이프라인 기업의 광고와 같이 한 방향으로만 흘러가는 제품홍보 보다는 고객들이 스스로 발생시키는 상호작용을 통한 마케팅이 더 큰 효과를 발생시킨다.

마케팅에는 크게 두 가지 방식이 존재하는데, 기존 광고와 같이 일방적인 한 방향으로 진행되는 '푸시Push 마케팅'과, 상호작용이 발생할 수 있도록 하는 '풀Pull 마케팅'으로 구분된다. 여러 독자가 예상하겠지만, B2C 기반의 플랫폼 비즈니스가 성공하기 위해서는 풀 마케팅 중심으로 하여 사업을 진행해야 한다. 다만, 오해하지 말아야 할 것은 푸시 마케팅이 풀 마케팅과 비교하여 나쁘다는 것이 아니라 효과가 상대적으로 적다는 것이다. 최근 많은 활용되고 있는 인플루언서Influencer 마케팅(인플루언서란 '영향력이 있는 사람'이라는 뜻으로 유명 블로거 또는 유튜버 등을 말하며, 인플루언서 마케팅은 이러한 사람들을 활용한 마케팅을 의미)은 유명한 일반인을 통해 고객들에게 자연스럽게 상품을 노출시켜 이미지를 좋게 만드는 마케팅을 말하는데, 이것은 푸시 마케팅과 풀 마케팅을 혼합한 하이브리드Hybrid 방식이라고 할 수 있다. 왜냐하면 인플루언서가 제품을 한 방향으로 홍보를 하면서(푸시 마케팅), 구독자들과 여러 방식으로 소통(풀 마케팅)을 하기 때문이다.

푸시 마케팅 및 풀 마케팅 비교

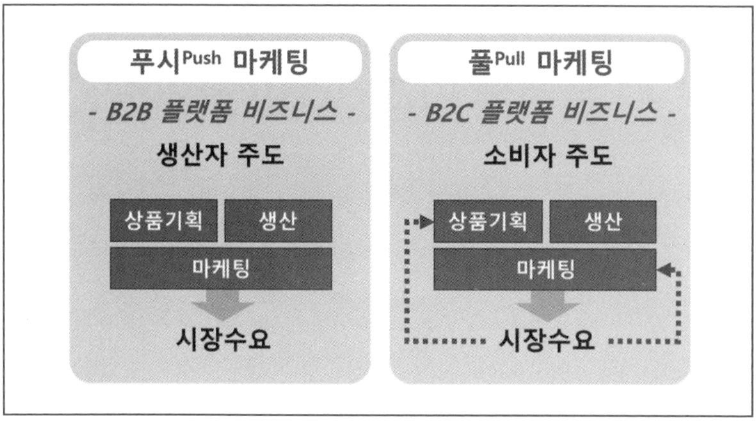

푸시 마케팅은 상품에 대한 선택권이 소비자가 아닌 생산자가 갖는 형태로, 고객의 의견보다는 생산자가 만들고 싶은 상품을 만들어서 일방향의 광고를 통해 고객이 소비하도록 강요(Push)하는 방식을 말한다. 반대로, 풀 마케팅에서는 기본적으로 소비자 주도형이며 시장수요를 보면서 상품을 만들고 마케팅에 접목(Pull)하는 방식이다. 결국 소비자 간 '긍정적 네트워크'를 만들기 위한 방법으로는 푸시 마케팅이 좀 더 유용하며, 이와 관련된 구체적인 방법은 "B2C 플랫폼 비즈니스 모델 캔버스PBMC"에서 자세히 살펴보고자 한다.

B2C 플랫폼 비즈니스의 사업화GTM 전략: 생태계ecosystem 구축

앞서 살펴본 B2B 플랫폼 비즈니스는 기본적으로 기업 고객을 대상으로 진행되는 만큼 핵심가치를 바탕으로 '바터의 조건'을 정립하는 것이 매우 중요하였다. 이를 통해 플랫폼이 자생적으로 상호작용이 발생할 수 있기 때문이다.

하지만, B2C 기반의 플랫폼 비즈니스는 상대적으로 다소 복잡한데, 플랫폼에는 여러 유형이 존재하고 해당 유형에 따라 상이한 전략을 세워야 한다. 앞 장에서 살펴봤던 B2C 기반 플랫폼의 4가지 유형은 다음과 같다.

B2C 기반의 플랫폼 4가지 유형

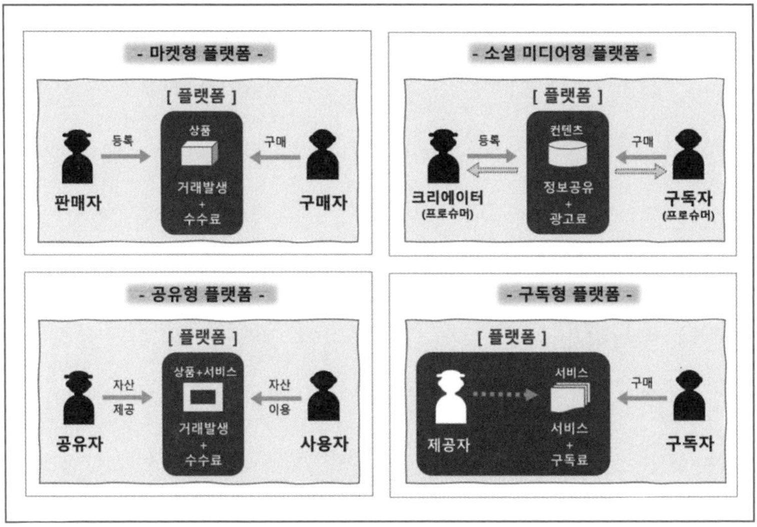

먼저 간단하게 4가지 유형의 플랫폼에 대해 복기를 한 후, B2C 기반의 플랫폼 비즈니스 모델을 어떻게 만들어가야 하는지를 고민해보고자 한다.

첫 번째 플랫폼은 '마켓형 플랫폼'으로 상품의 판매자와 구매자 간 중개를 통해 거래가 발생하도록 해주는 플랫폼이다. 우리에게 가장 익숙하고 일상생활에서 늘 사용하는 플랫폼으로 쿠팡, 아마존, 앱스토어, 매달의 민족 등이 대표적이며, 플랫폼 운영자는 기본적으로 수수료를 통해 이익을 발생시킨다. 두 번째는 '소셜 미디어형 플랫폼'으로 흔히 SNS[Social Networking Service]라고 불리는 플랫폼이며, 대표적으로는 페이스북, 유튜브 등이 있다. '상품의 거래'보다는 '정보의 교환'을 목적으로 하며, 수익은 광고료가 큰 부분을 차지한다. 세 번째는 '공유형 플랫폼'으로 개인이 소유한 물리적 자산을 다른 사람들과 나누어 사용함으로써 가치를 창출해내는 플랫폼을 말한다. 우버, 에어비앤비 등이 대표적이며 수수료를 기본적인 수익모델로 한다. 마지막으로 '구독형 플랫폼'은 일정 금액을 정기적으로 지불하고 제품 혹은 서비스를 사용하는 플랫폼을 말한다. 넷플릭스, 왓챠 등이 대표적이며 수익모델은 구독료이다.

그 유형은 다양하지만 공통적인 것은 고객이 모두 일반 사용자라는 것이다. 따라서 상호작용의 출발점과 목표가 모두 사용자(고객)에게 맞춰줘야 한다. 이러한 사용자들은 일반적인 기업의 획일적 특성(생산성 향상, 비용절감, 이슈 및 리스크 제거)과는 다르게 자신의 개인적인 취향과 개성이 뚜렷하기 때문에, 그리고 각 유형의 플랫폼이 추구하는 상호작용의 방식이 다르기 때문에 내가 만들고자 하는 플랫폼 비즈니스 모델에 대한 명확한 정의가 반드시 선행되어야 한다. 무엇보다 플랫폼에서 반드시 준수해야만 하는 획일적 규칙Rule이 없기 때문에, 얼마나 창의적인 아이디어를 낼 수 있는지가 곧 플랫폼 성공의 길이 될 수 있다.

B2C 기반의 플랫폼 비즈니스 모델 캔버스,

B2C[Business to Consumer] PBMC[Platform Business Model Canvas]

B2C 기반의 플랫폼 비즈니스를 설명하기 전에, 우선 B2B 기반의 플랫폼 비즈니스 모델 캔버스와 비교하여 어떠한 차이점이 있는지 확인해보고자 한다. 언급한 바와 같이 B2C 비즈니스 플랫폼은 기본적으로 4가지 유형이 존재하고 이러한 유형에 따라 개념이 다소 상이하긴 하지만 전반적으로 공통적인 특징을 바탕으로 비교하였다.

B2B 및 B2C 플랫폼 비즈니스 모델 캔버스의 비교

B2B PBMC	B2C PBMC	
① 플레이어 세그먼트	① 플레이어 세그먼트	협력업체(채널)가 아닌 사용자 관점의 세그먼트 정의
② 가치제안	② 가치제안	사용자 관점의 가치
③ 채널링 연계	③ 네트워킹 연계	양면시장을 고려한 플레이어 모집활동
④ 플레이어 관계	④ 플레이어 관계	긍정적 네트워크 효과 플랫폼 접속률 및 지속율
⑤ 수익원	⑤ 수익원	다양한 수익방식 적용가능
⑥ 핵심자원	⑥ 핵심자원	개념 유사
⑦ 핵심 성과지표	⑦ 핵심 성과지표	시장점유율 및 이용자 확대 중심의 지표관리
⑧ 핵심 규칙	⑧ 핵심 규칙	개념 유사
⑨ 비용구조	⑨ 비용구조	개념 유사

B2B와 B2C가 전혀 별개의 개념은 아니지만, 유사한 점과 함께 차이점 또한 명확하게 존재한다. 우선 유사한 점은 '핵심자원', '핵심규칙' 그리고 '비용구조' 영역에서는 상대적으로 높은 유사성을 갖는다. '플레이어 세그먼트'와 '채널링 연계' 영역에서는, B2B 플랫폼에서는 협력업체 중심으로 세그먼트를 고민했다면, B2C 플랫폼에서는 양면시장의 특수성을 고려하여 전체 사용자를 중심으로 한 면밀한 세그먼트를 구성해야 한다. 그러다 보니 '플레이어 관계'에서는 양면시장에서 긍정적 네트워크가 발생할 수 있도록, 특별한 전략과 기술적인 역량이 필수적이다. 이러한 특별한 전략과 기술적 역량은 결국 '핵심 성과지표'와 연결되어 '시장점유율'과 '이용자 확대'를 중심으로 성과관리를 하게 된다.

그럼 B2C 플랫폼 비즈니스 모델을 영역별로 상세히 살펴보자.

B2C 기반 플랫폼 비즈니스 모델 캔버스

핵심 규칙 ❽
KR: Key Regulation
- 플랫폼 유형별 정의
  - 생산활동
  - 소비활동
  - 수익원 등

핵심 성과지표 ❼
KPI: Key Performance Indicator
- 평가지표 설정
- 플레이어의 활동성 정도를 평가
  예) DAU, WAU, MAU

핵심자원 ❻
KR: Key Resources
- 필요자원 정의
  - 인적자원
  - 물적자원
  - 지적자원

가치 제안 ❷
VP: Value Propositions
- 자신의 가치관 투영
- 플랫폼이 제시하는 고객가치
  - 슬로건 활용

플레이어 관계 ❹
PR: Player Relationships
- 긍정 네트워크 효과
  - 활동성 촉진
  - 매칭 알고리즘
  - 필터
  - API, 흥미유발 등

네트워킹 연계 ❸
NC: Networking Connection
- 플레이어 모집/유지
  - 촉진제 전략
  - 보조금 전략
  - 인플로언서 전략
  - 단면 부스팅 전략
  - 무료상품 전략
  - 광고 전략

플레이어 세그먼트 ❶
PS: Player Segments
- 플랫폼 유형별 정의
  ▶ 마켓형
  ▶ 소셜 미디어형
  ▶ 공유형
  ▶ 구독형

비용구조 ❾
CS: Cost Structure
- 플랫폼 운영을 위한 자금조달 방법
- 예산정의
  - 인건비, 재료비, 경비

수익원 ❺
RS: Revenue Streams
- 돈을 버는 구조
  - 수수료
  - 참가비
  - 광고료
  - 후원형

① 플레이어 세그먼트 : Player Segments

플레이어 세그먼트는 양면시장에서 존재하는 플레이어를 정의하는 영역으로, B2B 플랫폼 비즈니스에서는 고객의 경우 산업군Industry(예: 유통, 제조, 건설 등)으로, 협력업체의 경우에는 기존 비즈니스 유형(예: 장비유통, 소프트웨어 상용제품 개발, 인력파견 등)으로 구분하여 설명하였다.

B2C 플랫폼 비즈니스에서는 내가 만들고자 하는 플랫폼의 유형(마켓형, 소셜 미디어형, 공유형, 구독형 플랫폼)을 고려하여, 그에 맞는 플레이어 세그먼트를 정의해야 한다. 우리가 가장 쉽게 이해할 수 있는 쿠팡, 아마존과 같은 마켓형 플랫폼을 예로 생각해보자. 플랫폼을 기준으로 크게 판매자 그룹과 구매자 그룹으로 구분될 수 있다. 먼저, 판매자 그룹을 세그먼트로 나눈다면, 제조사 형태의 판매자와 유통 형태의 판매자로 나눌 수 있을 것이다. 물론 제조사 형태의 판매자도 제조하는 상품의 유형(예: 패션의류, 스포츠, 주방용품, 식품 등)에 따라 더욱 세분화된 세그먼트를 만들 수 있다. 그리고 소비자 그룹의 세그먼트로 구분하는 경우에는, 가장 일반적인 방법으로 성별, 나이대별 구분이 있으며, 직업, 소득수준, 학력 그리고 회원등급 등으로도 구분할 수 있다.

B2B 플랫폼 비즈니스와 마찬가지로 상호작용의 주체가 되는 플레이어에 대해 누가 존재하는지를 빠짐없이 명확하게 정의해야 한다. 왜냐하면 '③ 네트워킹 연계'와 '④ 플레이어 관계' 그리고

B2C 플랫폼의 플레이어 세그먼트 예

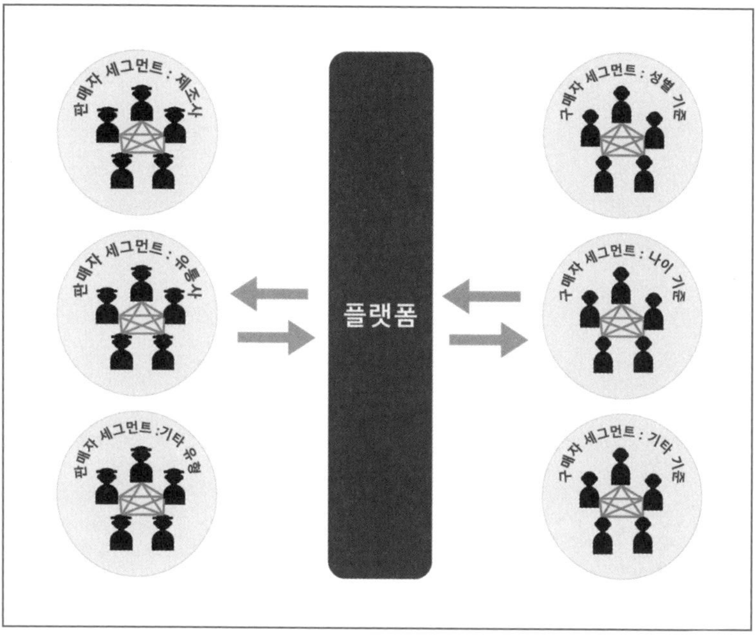

'⑤수익원' 등을 정의하는데 누락없이 정확히 예측해야 하기 때문이다. 또한 이렇게 구분된 세그먼트는 향후 상호작용 확대를 위한 마케팅 전략을 수립하는 것에도 사용될 수 있어서 매우 중요한 영역이라고 할 수 있다.

② 가치제안 : Value Proposition

가치제안은 소비자에게 우리의 플랫폼이 어떠한 가치를 줄 수 있는가에 대해 정의하는 영역이다. 다만, B2C의 경우에는 B2B와는 다르게 생산성이 향상된다든지 아니면 리스크가 해결된다든지

하기보다는, 일반 소비자의 소비패턴을 고려하여 다소 감성적으로 표현하는 경향이 있다. 이러한 가치제안은 앞에서 설명한 바와 같이 해당 플랫폼 기업의 슬로건을 확인해보면 그들이 플랫폼이 어떠한 가치를 갖고자 하는지 보다 쉽게 이해할 수 있다. 아래 표는 우리가 이미 잘 알고 있는 쿠팡, 유튜브, 페이스북 등의 슬로건을 간단하게 정리해 보았다.

유명 플랫폼의 슬로건 사례

플랫폼	슬로건
쿠팡 (로켓배송)	**단 한 명의 고객이라도 원하는 모든 제품을 로켓배송으로 구매할 수 있어야 하며, 그들이 찾는 순간 원하는 제품이 쿠팡 플랫폼 위에 진열돼야 한다**
유튜브	**당신의 모습을 방송하세요**(Broadcast Yourself!)
페이스북	**세상을 더 가깝게** (Bring the world closer together)
넷플릭스	**다음은 무슨 내용인지 보라** (See What's Next)
에어비앤비	어디에서나 우리집처럼(Belong Anywhere)
인스타그램	세상의 순간들을 포착하고 공유한다'(Capturing and sharing the world's moments)

먼저, 쿠팡은 로켓배송을 시작하기 전에는 "내가 잘 사는 이유"라는 슬로건을 사용하였다. 이것은 '잘 사고Buy 잘 산다Live'의 중의적 표현을 담은 슬로건으로, "쿠팡을 통해 더 여유롭고 풍요로운 생활을 즐긴다"라는 의미를 갖고 있었다. 로켓배송을 시작한 이후에는 "단 한 명의 고객이라도 원하는 모든 제품을 로켓배송으로

구매할 수 있어야 하며, 그들이 찾는 순간 원하는 제품이 쿠팡 플랫폼 위에 진열되어야 한다"라는 슬로건으로 변경하였다. 슬로건을 통해 우리는 그들이 생각하는 플랫폼의 가치를 추정할 수가 있는데, 그것은 '고객이 원하는 모든 물건은 내일 아침에 받아볼 수 있도록 한다' 정도로 쉽게 예상할 수가 있다. 쿠팡의 두 슬로건만 보더라도 기업의 사업전략이 변경되면서 가치제안 또한 변경되는 것을 알 수 있다.

또다른 예로 페이스북의 사례를 살펴보자. 페이스북은 창업할 당시의 슬로건은 '보다 열린, 연결된 세상을 만든다Making the world more open and connected'였다. 글에서 알겠지만, 심플하게 생각하여 페이스북을 통해 세상을 연결한다는 의미를 담고 있다. 하지만, 마크 저커버그는 '지금 우리 사회는 여전히 분열되어 있다'라며, 페이스북을 통해 단지 세상을 연결만 하는 것이 아닌, 세상을 더 가깝게 만들어 사회적 책임을 다한다'라는 개념을 표현하기 위해 "세상을 더 가깝게Bring the world closer together"라는 슬로건으로 변경하였다. 이러한 고민은 미국 대선 등을 거치면서 페이스북을 통해 전달되던 가짜뉴스 그리고 편향성을 낳은 '필터버블(이용자 맞춤형 정보제공 방식)'의 문제점을 해결하려는 의도 또한 포함되어 있다는 것이 일반적인 해석이다.

유튜브의 슬로건도 재미있다. 우리는 어렸을 때부터 생각하던 것 중에 하나가 '내가 TV에 나왔으면 얼마나 좋을까?'이었을 것이다. 유튜브는 이러한 사람들의 마음을 그대로 전달하고자 슬로건을 "당신의 모습을 방송하세요Broadcast Yourself!"로 하였다. 유튜브는 누구나 꿈을 손쉽게 이룰 수 있는 방송환경을 제공해줌으로써, 1인 미디어의 신세계를 이룩하였다. 유튜브는 현재 월간 활성이용자 수MAU: Monthly Active Users가 20억명이 넘고, 1분마다 업로드되는 영상시간이 무려 500시간이 넘는다고 한다. 상상할 수 없는 정도의 어마어마한 양이다.

표에서 함께 언급한 넷플릭스(다음은 무슨 내용인지 보라See What's Next), 에어비앤비(어디에서나 우리집처럼Belong Anywhere) 그리고 인스타그램(세상의 순간들을 포착하고 공유한다Capturing and sharing the world's moments)의 슬로건 사례들을 보면, 각각의 플랫폼에서 그들이 무엇을 지향하고 있는지, 그리고 어떤 방향성을 제시하고 싶은지를 예상할 수가 있다.

③ 네트워킹 연계 : Networking Connection

'네트워킹 연계'란 플랫폼 안에서 긍정적 네트워크 효과를 발생시키기 위해서, 플레이어 세그먼트에서 정의한 플레이어를 어떻게 모으고, 또한 어떻게 활동시킬 것인가를 고민하는 영역이다. B2C 플랫폼 비즈니스에서는 B2B와 다르게 플랫폼에 참여하는 것뿐만 아니라 오랫동안 머무르도록 환경을 만들어야 더 높은 가치를 만들어 낼 수 있다. 다만 오해하지 말아야 할 것은, 앞에서 B2C 플랫폼 비즈니스가 '단기적 관계'의 성격이 있다고 설명하였는데, 이것은 실제 거래가 발생하는 개념을 중심으로 설명한 것으로, 여기서 말한 "오래도록 머물러야 더 높은 가치를 만들어 낸다"라는 것은 '거래'보다는 '활동' 그 자체를 의미한다고 볼 수 있다. 예를 들어 페이스북에서 다른 사람의 글을 읽고 확인하는 시간, 쿠팡에서 물건을 검색하고 서핑하는 시간을 의미하는 것이다. 따라서 전통적인 마케팅 방법을 통해 잠재고객을 끌어내는 전략 외에도, 플랫폼 내에서 지속적으로 활동할 수 있는 마케팅 전략 또한 필요하다.

이와 관련하여 플랫폼 사업자들이 가장 빈번히 사용하고 있는 6가지 마케팅 전략을 소개하고자 한다. 다만 이러한 마케팅 전략이 플랫폼에서 모두 필요한 것은 아니며, 만들고자 하는 플랫폼에서 적용가능한지 여부를 검토하고 보유한 예산 및 자원을 고려하여 선택하면 된다. 물론 여러 마케팅 전략을 혼합하여 하이브리드Hybrid 전략을 또는 새로운 마케팅 전략을 수립해도 무방하다.

(a) 촉진제 전략

촉진제 전략은 플랫폼 사업초기에 플레이어의 참여가 예상보다 올라오지 않거나, 혹은 플레이어의 참여를 한 번에 끌어올리고자 할 때 사용하는 일반적인 방법이다. 즉, 플랫폼 운영자가 플랫폼에서 거래되는 제품 혹은 서비스에 대해 직접적이고 의도적으로 소비를 만들어 냄으로써, 소비자 집단과 생산자 집단 간 상호작용이 일어날 수 있도록 환경을 만드는 것이다.

2015년 출시한 카카오택시 또한 이러한 촉진제 전략을 적용하였다. 카카오택시는 직원들이 외근 혹은 출장을 갈 때 사용하는 법인차량을 아직도 보유하고 있지 않다. 사업초기 카카오택시의 상호작용 촉진을 위해, 전직원에게 카카오택시를 무제한 이용할 수 있도록 하였다. 외근 혹은 출장뿐만 아니라 개인적으로 사용하는 경우에도 카카오택시의 비용을 제공하였다. 이것은 직원 복지 차원에서 제공한다기보다는, 플랫폼 내에서 상호작용의 촉진제 마케팅을 위한 전략이라고 할 수 있다. 쿠팡과 배달의민족 또한 유사하다. 쿠팡이 지금이야 전국 물류창고를 구축하고 로켓배송을 하고 있지만, 사업 초기에는 동네 일반 매장에 쿠팡 직원들이 직접 지역을 돌아다니며 할인쿠폰을 발행하도록 영업을 하였고, 배달의민족은 길거리 전단지를 주어와서 직접 시스템에 등록하였다. 이러한 활동들이 모두 촉진제 전략이라고 할 수 있다.

(b) 보조금 전략

보조금 전략은 상호작용이 발생할 수 있도록 일정부분의 현금을 직접 지원을 해주는 것으로, 플랫폼 사업에서 흔하게 적용하는 대표적인 마케팅 전략 중에 하나이다. 가장 일반적인 방법으로는 양면시장에서 소비자 집단에게 보조금을 지원해주고, 그 돈이 생산자 집단으로 흘러갈 수 있도록 하는 것이다. 물론 생산자 집단에 직접적으로 보조금을 지급하는 것도 가능하나, 플랫폼 비즈니스의 기본적인 컨셉인 '상호작용'을 고려해본다면 전자인 소비자 집단에 보조금을 지급하는 방식이 더 유용하다고 볼 수 있다.

생산자 집단에 보조금을 지급했던 사례를 살펴보자. 우리가 우버는 잘 알고 있지만, 미국에서는 리프트Lyft라는 기업도 상당히 유명하다. 이 기업은 2012년에 설립되었으며 북미지역 300여개 도시에서 하루에 100만건 이상의 승차공유 서비스를 제공하고 있다. 이러한 승차공유 플랫폼의 가장 큰 고민은 어떻게 하면 차량을 보유한 운전자를 가입시키는가 일 것이다. 이 기업은 운전자를 새로 등록시키는 것뿐만 아니라, 우버로부터 기존 운전자를 뺏어오기 위해 우버에서 리프트로 옮기는 운전자에게는 사이닝 보너스Signing Bonus를 지급하고 차량 유지보수 및 연료비 중 일부분을 지원하는 형태로 보조금을 지급하였다. 시장에 운전자는 한정되어 있고 플랫폼을 안정적으로 운영하기 위해서는 일정 규모의 운전자가 반드시 필요하기 때문에 후발주자인 리프트 입장에서는 운전자에게 보조금을 지급하는 전략이 최선일 수 있다.

(c) 인플루언서Influencer 활용전략

풀Pull마케팅을 설명할 때 인플루언서에 대해 언급하였다. 사실 인플루언서는 이제 단지 '유명한 일반인'을 넘어, 마케팅 측면에서 매우 활용도가 높고 그 효과 또한 우수하기 때문에 주요 마케팅 수단이 되고 있다. 다른 독자들도 그러하겠지만, 필자의 경우도 다소 전문적인 영역의 제품을 구매할 때에는 항상 유튜브와 블로그에서 상품리뷰 동영상과 포스트를 살펴보고 구매할 제품을 선택한다. 물론 간접광고PPL: Product Placement인지 아닌지를 확인하며 제품 검색을 한다. 어쨌든 생각보다 많은 인플루언서들이 개인적인 금전적 이익보다는, 자신들의 지식나눔에 의미를 두는 사람들이 많기 때문에 독자들이 다른 전문가들보다 더 신뢰를 하는 것으로 보인다.

(d) 단면 부스팅Boosting 전략

플랫폼에는 양면시장이 존재한다는 것은 우리가 이미 잘 알고 있는 사실이다. 플랫폼 사업 초기단계에서 이러한 양면시장을 동시에 활성화시키는 것은 어찌 보면 거의 불가능에 가깝다. 따라서 한 쪽을 먼저 활성화시킨 후, 다른 한쪽이 자연스럽게 활성화되도록 마케팅하는 것 또한 유용하다. "닭이 먼저냐, 계란이 먼저냐"의 문제로 어느 것이 더 먼저일 필요는 없다. 상대적으로 마케팅 효과가 더 있을 것으로 예상되는 쪽을 먼저 진행하면 된다. 다만, 반드시 고려할 것이 있는데, 한쪽면은 마케팅을 중심으로 활성화시키고, 다른 한쪽면은 투자를 통해 양쪽 모두가 동시에 활성화시키는 것이 매우 중요하다.

앞에서 살펴본 카카오택시의 택시비 지원, 쿠팡과 배달의민족에서의 상품등록 등의 촉진제 전략 그리고 리프트의 보조금 전략 등 모두가 한쪽면을 부스팅함으로써 다른 면까지 활성화하도록 추진한 사례라고 할 수 있다. 앞서 언급한 대로 다른 면에는 또다른 투자를 통해 양쪽면이 상호 보완적으로 활성화되도록 해야 한다.

(e) 무료상품 전략

무료상품 전략은 말 그대로 소비자 집단에게 플랫폼에서 거래되는 상품 혹은 서비스에 대해 무상으로 제공하는 것을 말한다. 앞에서 언급한 보조금의 한 종류라고도 할 수 있으나, 생산자 집단과 소비자 집단 모두에게 동시에 프로모션을 진행한다는 점에서 차이가 있다. 왜냐하면 보조금 같은 경우는 양면시장에서 한 쪽 면의 플레이어에게 금전적 지원을 해주는 반면에, 무료상품의 경우에는 플랫폼 운영자가 생산자 집단으로부터 상품을 직접 구매하여 무상으로 소비자 집단에게 제공하는 방식이기 때문이다.

이러한 방식의 전략은 우리가 이커머스와 같은 마켓형 플랫폼에서 흔하게 볼 수 있다. 일반적으로 무료로 상품을 제공하기보다는 큰 폭으로 할인을 해주는 할인쿠폰을 제공하고, 고객은 상대적으로 적은 금액을 지불하도록 하여 상호작용이 발생할 수 있도록 한다. 이 외에도 일정 물량을 보장하여 할인을 해주는 공동구매, 파격적인 가격으로 구매할 수 있도록 하는 이벤트 상품 또한 이에 해당된다고 볼 수 있다. 쿠팡에서도 각 물류센터에 적재된 상품에 대해 주기적으로 파격적인 이벤트 행사를 진행하는데, 이는 프로모션도 해당되지만 재고 처리 관점에서도 도움이 되는 마케팅이라고 할 수 있다.

(f) 광고 전략

광고전략은 플랫폼을 알리는 데 있어서, 어떻게 보면 가장 단순한 전략이라고 할 수 있다. 예전에는 TV와 같은 정형화된 광고매체만 존재하였지만, 지금은 유튜브, 네이버, 드라마 및 인플루언서를 활용한 간접광고 등 그 형태가 매우 다양해지고 있다. 하지만, 광고 전략은 분명 어느정도 효과가 있는 것은 맞지만, 플랫폼 비즈니스를 진행하는 측면에서 본다면 그 한계 또한 명확히 존재한다. 왜냐하면 광고의 기본적인 컨셉은 상품을 개발한 후 우리의 제품이 이러한 특징이 있다고 소비자에게 일방적으로 홍보하는 파이프라인 기업에 유용한 고객모집 방법이기 때문이다. 다시 말해서, 제품을 만들어 유통하는 생산자와 이를 소비하는 소비자 간 상호작용 방식이 아닌, 일방향적 의사전달 행위에 해당하기 때문에 상호작용 기반의 플랫폼 비즈니스와는 다소 거리가 있다.

따라서, 광고는 플랫폼 그 자체를 홍보하는 측면에서만 활용하고, 광고를 통해 플랫폼에 접속한 새로운 고객을 위해서 또 다른 측면의 프로모션 전략이 필요하다. 참고로, 광고에 주제가 되는 홍보내용은 '②가치제안Value Proposition'에서 언급했던 전달하고 싶은 메시지, 즉 슬로건을 중심으로 만들어야 한다.

지금까지 플랫폼 안에서 상호작용을 발생시키기 위한 '네트워킹 연계' 전략에 대해 설명하였다. 여러 독자들께서 느꼈겠기만, 각각의 마케팅 전략이 명확히 구분되는 개념이라기보다는 다소 중복되거나 유사한 개념으로 보일 수도 있을 것이다. 위에서 언급한 마케팅 전략들은 그저 하나의 예시일 뿐 반드시 지켜야 하는 규칙Rule은 아니다. 중요한 것은 각각의 마케팅 전략을 명확히 구분을 짓고 차이를 분석하는 것이 아니라, 다소 개념이 모호하더라도 또는 조금은 중복되었더라도 상기 6가지 전략을 바탕으로 운영하고자 하는 플랫폼에 맞는 전략을 수립하는 데 아이디어를 내는 것이 가장 중요하다.

④ 플레이어 관계 : Player Relationship

'플레이어 관계'란 플랫폼 안에서 상호작용을 확대시키는, 즉 플레이어가 빈번하게 플랫폼에 들어오고 또한 오랫동안 머무르게 하는 방안에 대해 정의하는 영역이다. "③ 네트워킹 연계"에서는 플레이어를 어떻게 모을 수 있는가에 대해서 고민을 했다면, "④ 플레이어 관계"에서는 이미 모은 플레이어의 활동성을 어떻게 높일 수 있는가에 대한 고민이다. 하나의 플랫폼이 성공하는 데 있어서 가장 중요한 요소인 활동성을 어떻게 하면 높일 수 있는가에 대한 고민인 만큼, 어째보면 B2C 기반 플랫폼 비즈니스에서 가장 중요한 영역이라고 할 수 있다.

상호작용의 향상을 위해 B2C 플랫폼 비즈니스에서는 일반적으로 크게 3가지(활동성 촉진, 매칭 알고리즘, 필터)가 있으며 그 외 부가적으로 외부 응용 프로그램과의 연계 그리고 회원등급 관리 등이 있다. 사실 상호작용을 향상시키기 위해 정해진 규칙 같은 것은 없으며, 플랫폼 특징 및 운영상황에 맞게 전략을 수립하면 된다. 본 도서에서는 언급한 바와 같이 일반적인 3가지 방법을 중심으로 부가적인 방법 또한 이야기하고자 한다.

(a) 활동성 촉진 – Activity Promotion

플랫폼 비즈니스에서 가장 중요한 것은 상호작용의 확대라고 여러 번 설명하였다. 이러한 상호작용의 확대를 위해서는 기본적으로 필요한 것이 바로 '긍정적 네트워크'를 만들어 가는 것이다. '긍정적 네트워크'에 대해 거창하게 생각할 것도 없이 플랫폼을 만드는 기본적인 목적에 맞게 플랫폼을 운영한다고 생각하면 된다. 예를 들어 유튜브, 페이스북과 같은 소셜 미디어형 플랫폼을 만들었다면 성인 컨텐츠 혹은 광고성 컨텐츠가 무분별하게 공유되는 것을 막는 것이고, 쿠팡, 아마존과 같은 마켓형 플랫폼을 만들었다면 거래가 이루어지는 상품에 대해 품질을 보장해줘야 한다. 우버나 에어비앤비와 같은 공유형 플랫폼을 만들었다면 이용하는 시설에 청결함을 유지하고 이용자는 범죄에 노출되지 않도록 보호해야 한다. 너무나 당연한 이야기이지만, 실패한 플랫폼들이 이러한 기본적인 기준을 지키지 않아 이용자의 신뢰를 잃은 경우가 많다.

활동성 촉진이란 이러한 긍정적인 상호작용이 일어날 수 있도록 플랫폼을 관리하는 모든 활동을 말한다. 소셜 미디어형 플랫폼이라면 컨텐츠를 신고할 수 있는 기능과 컨텐츠를 등록한 이용자에게 페널티를 부과하는 기능이 필요하고, 마켓형 플랫폼과 공유형 플랫폼이라면 상품을 등록할 업체를 철저히 관리하고, 만약 불량상품을 등록했다면 해당 업체에는 페널티를, 상품을 구매한 이용자에게는 보상 시스템이 있어야 한다. 이러한 관리를 하지 않는다면 이용자들로 하여금 부정적 네트워크를 발생시킬 것이고, 곧 해당 플랫폼은 시장에서 사라지게 될 것이다.

(b) 매칭 알고리즘 – Matching Algorithm

플랫폼에는 생산자 집단과 소비자 집단의 양면시장이 존재하며, 각각의 면에는 수많은 플레이어가 존재하게 된다. 만약 이러한 플레이어의 수가 수백 또는 수천명의 경우라면, 생산자와 소비자를 연결시켜주는 데 있어서 플랫폼 운영자가 각각의 특징을 확인하며 직접 연결해주면 될 것이다. 하지만, 수백만명이라면 어떻게 해야 할까? 기본적으로 이 많은 플레이어를 사람이 직접 연결시켜

준다는 것은 아예 불가능할 것이다. 따라서 플랫폼 안에서 서로의 가치를 잘 교환할 수 있도록, 그리고 상호작용을 활발하게 일어날 수 있도록 자동으로 연결시켜주는 방안이 필요하며, 이것을 IT기술을 활용하여 '매칭 알고리즘Matching Algorithm'이라고 한다.

유튜브의 생각해 보면 쉽게 이해가 갈 것이다. 많은 분들이 느끼셨을 텐데, 우리가 유튜브를 보다 보면 신기하게도 관심이 있는 동영상이 끊임없이 올라오고, 그리고 예전에 즐겨봤던 동영상도 지속적으로 추천되는 것을 봤을 것이다. 이러한 동영상을 보다 보면 1시간도 훌쩍 흘러간다. 우리의 시간을 잡아먹는 정말 훌륭한 매칭 알고리즘이 아닐 수 없다. 이러한 유튜브의 알고리즘을 잠깐 살펴보면, 크게 3가지 추천 알고리즘을 기반으로 운영된다고 한다. 먼저 시청자 관점에서 시청이력을 참고한다고 한다. 시청자가 그동안 시청했던 컨텐츠를 분석하여 유사한 동영상을 추천하는데, 만약 특정 채널의 동영상을 지속적으로 시청했다면 유사한 채널의 동영상을 추천하게 된다. 또한 시청자의 관심은 지속적으로 변하기 때문에 이러한 개인 취향의 트렌드도 반영한다. 참고로 여기서 언급한 채널이란 플랫폼에서의 채널이 아닌, 유튜브 TV채널을 의미하며 크리에이터Creator가 운영하는 하나의 방송을 의미한다. 두 번째는 클릭률이 높을수록, 시청시간이 길수록 추천확률을 높여준다. 그리고 '좋아요' 및 '싫어요'의 시청자 만족도도 반영하여, '좋아요'가 많을수록 추천을, '싫어요'가 많을수록 추천확률을 낮게 한다. 마지막 세번째는 환경적 요소를 추천 알고리즘에 반영한다고 한다. 환경적 요소는 동영상 주제에 대한 관심사를 반영하는 것으로, 예를 들어 축구에 관심이 있는 사람은 전세계적으로 약 35억명인데 반에 골프는 4.5억명에 불과하다. 이러한 관심도의 정도를 알고리즘에 반영하며, 채널의 인기도 정도 그리고 시간적 그리고 시대적 상황도 반영한다. 예를 들어 여름이라면 여름 관련된 동영상을 더 추천하게 되며, 월드컵 시즌이라면 축구 동영상을, 올림픽이라면 관련 동영상을 더 추천하게 된다.

유튜브 매칭 알고리즘 방식

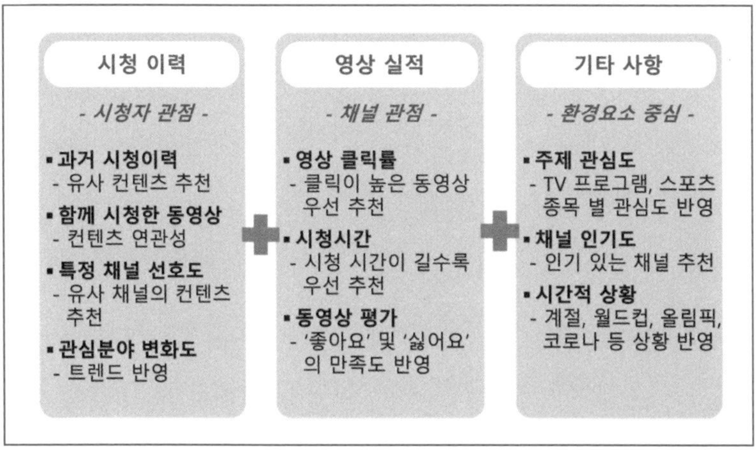

매칭 알고리즘은 유튜브 외에도 쿠팡과 같은 마켓형 플랫폼에서도 쉽게 확인할 수 있다. 우리가 관심을 갖고 찾아봤던 상품이 화면에 끊임없이 나오며, 이전에 구매했던 상품과 유사한 종류의

상품이 지속적으로 추천되는데 이러한 모든 것들이 매칭 알고리즘에 해당된다.

이렇게 생산자와 소비자를 연결시켜주는 매칭 알고리즘은 B2C 기반의 플랫폼 비즈니스에서는 활발한 상호작용을 만드는데 대단히 중요하다. 원하는 상품을 빠르게 찾기 원하는 소비자의 욕구를 충족시키지 못한다면 그 플랫폼을 실패한 플랫폼이 된다. 아무리 좋은 상품과 훌륭한 서비스를 갖고 있어도 제때 연결시키지 못한다면 고객은 그 플랫폼을 떠나는 것이 당연하다.

(c) 필터 - Filter

필터는 플랫폼에서 이용자가 원하는 상품 혹은 서비스를 보다 쉽게 찾을 수 있도록 해주는 일종의 알고리즘에 해당한다. 매칭 알고리즘은 이용자의 의도 없이 플랫폼에서 자동적으로 추천해주는 알고리즘이라면, 필터는 이용자가 플랫폼에서 의도를 갖고 원하는 제품 혹은 서비스를 검색할 때 추천해주는 알고리즘이라고 할 수 있다.

필터의 가장 단순한 방법으로는 메뉴를 통해 원하는 상품을 찾아가는 방법일 것이다. 예를 들어 우리가 마켓형 플랫폼에서 원하는 상품을 구매하고자 할 때, 제품 이름을 모르는 경우 또는 특정 분류의 전체 상품을 찾고자 할 경우 메뉴검색을 통해 상품을 찾는다. 셔츠를 구매하고자 한다면 『패션의류 〉 남성패션 〉 의류 〉 셔츠/남방』의 메뉴를 선택한 후 '가격순', '판매량순' 혹은 '최신순'을 선택한다. 그렇지 않다면 상세검색을 통해 가격대와 색상, 사이즈 또는 브랜드를 선택하여 상품을 찾는다. 이러한 모든 과정이 메뉴 카테고리 단위로 상품을 검색하는 경우에 해당한다. 만약, 메뉴방식이 아니라면 검색어를 통해 상품을 찾을 수 있다. 단순하게 어떤 한 단어를 검색할 수도 있지만, 보다 정교한 필터제공을 위해 자연어처리NLP: Natural Language Processing 기술을 활용하여 검색을 할 수도 있다. 예를 들어 셔츠를 찾아보는데 검색창에 "40대 남자에게 어울리는 검은색 셔츠"라고 적고 상품을 검색하는 것이다. 이러한 자연어처리 기술을 활용한 검색이 메뉴를 통한 검색 그리고 단어를 통한 검색보다 더 유용하게 활용할 수 있다. 다만, 검색하고자 하는 검색에 대해 적절한 검색결과를 제공하지 못한다면 오히려 부정적 네트워크를 형성할 수 있으므로 주의해야 한다.

이러한 자연어처리 기술을 활용한 검색 관련하여, 실제 사례를 확인하기 위해 "40대 남자에게 어울리는 검은색 셔츠"라는 문장을 구글, 네이버 그리고 쿠팡에서 검색해 보았다. 검색된 결과를 보면 각 플랫폼 기업별로 필터 알고리즘이 어떠한 차이가 있는지를 확인할 수 있다. 구글의 경우에는 확실하게 검은색 셔츠들이 검색되었지만, 네이버의 경우에는 검은색과 유사한 옷들이, 쿠팡의 경우에는 검은색 외에 전혀 다른 색의 셔츠들이 아래 사진과 같이 검색되었다. 하지만, 아래의 예시가 모든 경우에서 특정 하나의 플랫폼이 항상 우수한 결과를 낸다는 것을 의미하는 것은 아니므로, 하기 예시는 단지 참고용으로만 확인하기 바란다.

필터 검색결과 예시

(d) 부가적 방법

앞에서 살펴본 '활동성 촉진', '매칭 알고리즘' 그리고 '필터'이외에도 흔히 사용하는 방법이 있다. 대표적인 것이 '애플리케이션 프로그램 인터페이스API: Application Programming Interface'를 통해 플랫폼과 외부 앱App.과 연동을 통해 상호작용을 확대시키는 방법이 있다. API의 기본적인 목적은 상이한 응용 프로그램 사이에서 통신을 하는 것으로, 대표적인 사례가 트위터이다. 트위터가 빠르게 성장한 배경에는 외부 프로그램과 연동할 수 있는 API를 제공함으로써 개발자 커뮤니티를 활성화시켰고, 이것은 결국 트위터의 빠른 성공의 기반이 되었다. 이렇게 외부에 API를 제공하는 사례는 국내에도 흔히 있다. 카카오톡의 경우도 사용자들의 카카오톡 상에서의 로그인 정보, 연락처 그리고 기타 정보 등을 외부 프로그램에 제공하고 있다. 이러한 연계는 상호작용을 목적으로 하는 플랫폼 성장에 밑바탕이 될 수 있는 것이다.

이 외에도 플랫폼에 참여한 플레이어의 흥미를 유발해 활동성을 높이는 방법도 있다. 자신이 구매한 상품에 댓글을 등록하여 다른 이용자들에게 '좋아요'를 받도록 하는 것도 대표적인 흥미유발 요소의 하나라고 할 수 있다. 이러한 것은 이용자로 하여금 플랫폼 안에서 일종의 감시자 역할을 부여함으로써, 플랫폼에서 마치 내가 주인이라는 느낌을 주어 소속감을 높이는 효과를 볼 수 있다. 이외에 플랫폼 안에서의 활동내역을 포인트화하여 회원등급을 줄 수도 있다.

'활동성 촉진', '매칭 알고리즘' 그리고 '필터'이 플랫폼에서의 활동성을 향상시키는 직접적인 요소라고 한다면, API 연계, 흥미유발과 같은 것은 간접적인 요소로 보조적 수단이기 하지만 플랫폼에서의 활동성을 향상시키는데 꽤 유용하다.

⑤ 수익원 : Revenue Stream

수익원은 B2C 플랫폼 비즈니스를 통해 돈을 어떻게 벌 것인가에 대해 고민하는 영역으로, 플랫폼의 유형에 따라 상이한 수익원 형태를 갖는다.

'돈'을 벌기 위한 구조를 고민하는 것은 너무나 당연하고 핵심적인 부분임에도 불구하고, B2C 플랫폼에서 '돈'을 번다는 것은 생각보다 상당히 힘들다. 앞에서 여러 번 언급하였지만, 쿠팡이 로켓배송을 시작한 2014년 이후 무려 8년만에 흑자를 내고, 우버는 12년, 아마존은 6년 그리고 배달의민족은 5년만에 흑자를 냈다. 우리나라 소셜커머스의 하나인 티몬은 2010년 오픈한 후 2020년 3월에 월간 흑자를 처음 달성하였지만 연간 흑자는 달성하지 못했다. 위메프는 아직 흑자를 달성한 적이 없다. 누구나 잘 알고 있는, 소위 잘나가는 B2C 플랫폼 기업들도 이렇게 흑자를 내기가 정말 어렵다. 이것은 수익모델 자체가 '돈'을 벌기 위한 구조가 아니라기보다는, '시장점유율'과 '이용자 확대'를 고려하여 출혈경쟁, 의도된 마이너스이기 때문이다. 만약 여러분의 플랫폼이 경쟁이 치열하지 않은 영업환경에서 수익을 발생시키지 못하고 있다면,

그것은 아마도 해당 플랫폼이 '돈'을 벌 정도로 시장규모 자체가 되지 않거나, 혹은 플랫폼의 상호작용이 아직 작동되지 않은 상태일 가능성이 높다.

그럼 구체적으로 B2C 기반의 플랫폼 비즈니스에서는 어떠한 수익원 유형이 있는지를 확인해보자. 일반적으로 크게 4가지 유형이 존재하며, 마켓형과 공유형 플랫폼의 경우에는 수수료 방식을, 소셜 미디어형 플랫폼의 경우에는 광고료를 그리고 구독형 플랫폼의 경우에는 구독료 방식을 적용하는 것이 일반적이다

(a) 수수료

플랫폼을 통해 거래가 성사되었을 때, 거래되는 금액에 비례하여 일부분 혹은 정해진 금액을 부과함으로써 수익을 창출해내는 방식을 말한다. 수수료를 부과하는 대상이 공급자가 될 수도 있고 소비자가 될 수 있으나, 일반적으로는 공급자에게 부과한다. 물론 양쪽에 함께 부과할 수도 있다.

수수료를 부과하는 사례를 들어보자. 에어비앤비의 경우에는 공유자(공급자)와 사용자(소비자) 모두에게 수수료를 부과하고 있으며, 사용자에게는 6~15%를, 공유자에게는 3%의 수수료율을 적용하고 있다. 여기서 에어비앤비가 생각하는 사업전략을 이해할 수 있다. 에어비앤비 입장에서는 플랫폼이 안착하기 위해서는 숙소

를 제공하는 공급자가 더 중요하다고 생각한 것으로, 숙소를 공유하는 집주인에게 더 낮은 수수료를 부과하고 있다. 아니면, 사용자는 어쩌다 한 번 숙소를 이용하겠지만, 공유자는 매번 숙소를 제공하기 때문에 수수료의 부담을 덜어주기 위해 수수료를 낮춰서 더 많은 참여를 유도하기 위해서 일 수도 있다. 어떤 의도였는지는 에어비앤비만이 알 수 있겠지만, 중요한 것은 수수료를 부과하는 것에도 사업을 안착시키고 운영의 지속성을 위한 전략이 있다는 것을 이해하는 것이라 생각한다.

마켓형 플랫폼의 경우도 수수료를 부과하고 있다. 쿠팡의 경우에는 카테고리별 상이한 판매 수수료를 부과하고 있으며, 예를 들어 가전디지털의 경우에는 5.8%~6.8%, 가구/홈인데리어는 10.8%, 문구/사무용품은 7.8%~10.8%, 출산/유아는 6.4%~10%, 스포츠/레저용품은 7.6%~10.5%를 부과하고 있다. 기본적으로 할인된 가격에서 수수료를 부과하고 있으며, 포털사이트 노출을 위한 연동비용이 추가되지 않고 이중부과 또한 적용하지 않는다. 이러한 모든 수수료 정책은 플랫폼을 운영하는 전략과 연계되어 있다.

쿠팡 마켓플레이스 카테고리별 판매수수료

대분류	중분류/소분류	기준 수수료
가전디지털	에어컨, 테블릿, 냉장고 TV 등	5.8%~6.8%
가구/홈인테리어	기본 수수료	10.8%
도서	기본 수수료	10.8%
음반	기본 수수료	10.8%
문구/사무용품	문구/팬시용품, 사무용지류 등	7.8%~10.8%
출산/유아	기저귀, 물티슈, 분유 등	6.4%~10%
스포츠/레저용품	골프용품, 자전거용품, 의류 등	7.6%~10.5%
뷰티	기본 수수료	9.6%
생활용품	의료위생, 공구, 철물, 청소 등	10.8%
식품	영양제, 채소류, 신선식품 등	5.8%~10.9%
완구/취미	RC완구 등	5.8%~10.8%
자동차용품	방향제, 공기청정, 차량가전 등	6.8%~10%
주방용품	조리보조도구 등	7.8%~10%
패션	쥬얼리, 패션의류, 패션잡화 등	4%~10.5%
반려/애완용품	기본 수수료	10.8%

※ 2019년 11월 25일 기준 수수료 체계

(b) 참가비

플랫폼을 통한 수익모델의 또 다른 대표적인 방법으로 참가비가 있는데, 플랫폼의 컨텐츠나 서비스를 이용하기 위해 지불하는 일종의 가입비라고 할 수 있다. 이렇게 플랫폼의 참가비를 받는 경우에는 해당 상품이 상당히 필수적이고 참여자가 기꺼이 돈을 내면서까지 꼭 필요한 경우에 적용이 가능하다. 단순한 예로, 미래의 배우자를 연결해주는 결혼정보 사이트, 그리고 법원 경매정보를 정리해서 제공해주는 경매사이트의 경우에는 플랫폼에서 제공해주는 컨텐츠의 가치가 매우 중요하기 때문에 유료화를 하더라도 필요한 이용자는 가입비를 기꺼이 지불한다. 다만, 이러한 가입비의 단점은 플레이어의 접근성을 떨어뜨릴 수 있기 때문에, 가입비를 받을 것인지 혹은 가입비를 받더라도 얼마를 받을 것인지를 신중히 결정해야 한다. 그 판단기준은 경쟁 플랫폼의 가입비 수준과 우리 플랫폼에서 제공하는 상품의 경쟁력 수준을 비교 분석하여 판단해야 한다.

또 다른 가입비 유형은 플랫폼의 초기 접근성을 올리기 위해 일단 무료로 개방한 후, 핵심서비스 또는 추가적으로 제공하는 부가기능에 대해서는 사용료를 지불하게 하는 방식이 있다. 쿠팡의 와우 멤버십을 생각하면 이해가 쉽다. 와우 멤버십은 월회비 4,990원을 납부하는 조건으로, 상품 하나만 구매하더라도 무료 로켓배송을 해주며, 30일간 무료교환 및 반품 서비스, 로켓프레시를 통해 신선식품 새벽배송 그리고 스트리밍 서비스인 쿠팡플레이를 사용할 수 있는 혜택을 제공하고 있다. 온라인 구매를 자주 이용하는 사용자라면 상대적으로 적은 비용으로 매우 유용한 서비스를 제공받는 것이다. 플랫폼을 운영하는 쿠팡 입장에서도 2022년 1분기 기준 와우 멤버십 이용자가 900만명을 넘었다고 하니, 매월 약 450억원씩 수익이 발생하는 것이라 안정적인 수익원이 될 수 있는 것이다.

프리미엄 서비스 예시

이 외에도 광고 없이 동영상을 시청하고 음원 서비스를 받을 수 있는 유튜브 프리미엄 서비스, 디지털 컨텐츠(음원, 스포츠 경기 등)와 추가 적립금의 서비스를 제공하는 네이버 플러스 멤버십 등이 대표적인 프리미엄 서비스에 해당된다.

(C) 광고료

광고란 앞에서 설명한 바와 같이, 상품을 알리고 싶은 기업이 수용자의 태도를 변화시켜 상품거래가 발생할 수 있도록 특정 매체를 통해 일방적으로 의사를 전달하는 방식을 말한다. 이전에는 신문, 잡지 등을 통한 광고가 많았지만, 최근에는 디지털 광고가 전체 시장의 50%를 훌쩍 넘은 상태다. 참고로 디지털 광고란 웹사이트 혹은 스트리밍 콘텐츠 등 온라인 채널을 통해 진행되는 광고를 말하며, 텍스트, 이미지, 비디오 등의 형식을 취한다.

앞에서 설명한 플랫폼의 4가지 유형 모두 광고를 주요 수익원으로 하고 있다. 특히 페이스북과 같은 소셜 미디어형 플랫폼의 경우 매출의 대부분이 광고를 통해서 발생한다. 페이스북의 경우 전체 매출 중 무려 98%가, 구글의 경우에는 80%(검색 광고 약 60%, 유튜브 광고 약 10% 차지) 이상 광고가 차지한다. 이런 높은 비중을 차지하는 것이 어찌 보면 당연한데, 소셜 미디어형 플랫폼의 경우 상품의 거래라는 것이 존재하지 않고, 단지 개인 간 정보만 공유하는 플랫폼이기 때문이다. 다만, 모든 상황 속에서 광고가 수익을 올리는 것은 아니며, 크게 두 가지의 전제조건이 필요하다. 먼저, 플랫폼에 가입한 이용자의 수가 많아야 한다. 너무나 당연한 이야기지만 플랫폼 이용자 수가 적다면 어떤 기업도 플랫폼에 광고를 내지 않을 것이며, 설사 광고를 내더라도 광고료는 매우 낮을 것이다. 따라서 이용자가 어느정도 확보될 때까지는 광고수익을 기대하기 힘들다. 또 다른 전제조건은 이용자의 활동성이 높아야 한다. 아무리 가입된 이용자가 많다고 하더라도 활동성이 없다면 광고를 내보낼 가치가 떨어진다. 싸이월드를 생각해보면 쉽게 이해된다. 싸이월드는 2000년 후반 회원가입자가 4000만명이 넘었고, 국내 SNS^Social Network Services^ 중에는 독보적인 회원가입수를 보이고 있다. 하지만 지금 어느 누구도 싸이월드에 광고를 내지 않는다. 회원들의 활동성, 즉 회원가입은 되어 있지만 현재 휴면계정 상태로 싸이월드에 컨텐츠를 등록하고 댓글을 올리는 활동이 많지 않기 때문이다. 참고로 유튜브에서 크리에이터Creator가 광고료 수익을 얻기 위한 기본조건은 구독자 1,000명 이상 그리고 시청시간 4,000시간 이상인 경우로, 이것을 시간(분)으로 환산하면 24만분(Minute)을 채워야 광고료 수익이 발생할 수 있다고 한다.

(d) 후원형

후원형은 소셜 미디어형 플랫폼에서 크리에이터Creator에게 시청자가 직접적으로 금전적 후원을 해주는 것으로, 유튜브의 슈퍼 챗, 슈퍼 스티커 그리고 슈퍼 땡스 등이 있다. 슈퍼 챗과 슈퍼 스티커는 라이브 스트리밍을 하는 상황에서만 후원이 가능하며, 슈퍼 땡스는 업로드된 기존 영상에도 후원을 할 수 있다. 금액은 2,500원, 5,900원, 12,000원 그리고 65,000원의 4가지 종류가 있다. 사실 유튜브의 이러한 기능은 국내 아프리카TV의 '별풍선'과 동일한 방식이라고 할 수 있다. 아프리카TV가 '별풍선' 기능을 2007년부터 시작했고, 유튜브는 2021년부터 후원형 서비스를 시작했다. 공식적으로 유튜브가 아프리카TV의 기능을 벤치마킹했다고 공개하지는 않았지만, 필자 개인적인 생각으로는 기능에 대한 참조 정도는 분명했을 것으로 생각한다. 어쨌든 둘 다 기본적으로 BJ Broadcasting

Jockey를 포함한 크리에이터에게 감사의 표현과 함께 관계를 만들고 싶어 하는 심리를 활용하여, 창작활동을 직접적으로 후원을 할 수 있도록 기능을 제공하였다. 특이한 점은, 플랫폼에서는 후원하는 금액의 일정 부분을 수수료 명목으로 부과하고 있다는 것이다. 아프리카TV의 경우에는 BJ 등급별로 상이한 수수료를 부과하고 있는데, 가장 등급이 높은 파트너BJ의 경우 20%를, 베스트BJ는 30%를 그리고 일반BJ는 40%를 부과하고 있다. 유튜브의 경우에는 수수료를 비공개하고 있으나 약 37%인 것으로 알려져 있다.

일부 독자는 이러한 후원형이 '수수료'와 동일한 것이 아닌가라고 의문을 가질 수 있다. 왜냐하면 플랫폼 안에서 어떠한 형식이든 발생한 거래에 대해 일정한 수수료를 부과하는 형태라고 생각할 수 있기 때문이다. 물론, 유사한 성격이라고 할 수 있겠지만, 확연히 차이나는 점이 있다. 우선 수수료는 플랫폼에서 제공하는 특정 기능 혹은 서비스를 이용자가 사용함으로써 수수료를 지불하는 방식이지만, 후원형 수수료의 경우에는 컨텐츠의 소비자가 컨텐츠 생산자에게 직접적으로 후원하는 돈에 수수료를 부과하는 방식이므로 분명 차이는 있다. 이러한 후원형은 아프리카TV와 유튜브 외에 카카오TV 그리고 트위치TV도 동일한 방식을 적용하고 있다.

앞에서 4가지의 수익원에 대해 살펴보았다. 이러한 수익원들은 하나의 플랫폼에 하나의 수익모델만 적용하는 것은 아니며, 실제 복합적으로 적용하여 다양한 방식으로 수익이 발생할 수 있도록 하고 있다.

일정한 돈을 부과하다는 것은 일반적으로 플랫폼의 가장 중요한 요소인 상호작용을 위축시킬 수 있기 때문에 모든 사용자에게 부과하지는 않는다. 모든 사용자에게 오픈하되 특정 기능에 대해서는 프리미엄 서비스를 통해 제공하는 것이 보편적인 방법이다. 또한 플랫폼 비즈니스의 양면시장 특수성을 고려하여 한쪽에는 사용료를 부과하고 다른 한쪽에는 보조금을 지원해줌으로써 활발한 상호작용이 발생할 수 있도록 한다. 물론 요금을 부과하고 보조금을 제공하는 것 또한 일률적인 기준으로 적용한다기보다는 등급 혹은 차별화 등의 전략적 판단을 통해 상호작용의 극대화를 위한 방향으로 해야 한다. 가장 중요한 것은 우리가 운영할 플랫폼에서 플레이어들에게 부담을 주지 않는 범위 내에서 그리고 활발하게 활동할 수 있는 분위기를 만들어 줄 수 있는 범위내에서 수익모델을 만들어야 한다는 것이다.

⑥ 핵심자원 : Key Resource

B2C 플랫폼에서의 핵심자원은 B2B의 그것과 동일한 기념이다. 핵심자원에서는 플랫폼 비즈니스를 진행하는 데 있어서 필요한 모든 자원을 사전에 정의하여 계획을 세우는 영역에 해당한다. 비즈니스를 진행하면서 필요한 요소와 시기 그리고 투입량은 당

연히 변경되고 예상치 못한 방향으로 흘러가기 때문에, 매우 정교하게 설계를 할 필요는 없다고 본다. 비즈니스를 진행하는 데 있어서 변화하는 상황에 맞게 대처하는 것이 가장 중요하기 때문에, 얼마나 탄력적으로 적용할 수 있는지가 중요하다. 다만, 주요 자원인 인적자원, 물적자원, 지적자원 그리고 기타 필요사항에 대한 것은 사전에 반드시 정의하여 인지를 해 두어야 향후 대처가 가능하다.

⑦ 핵심 성과지표 : Key Performance Indicator

B2C 플랫폼의 핵심 성과지표는 플랫폼 안에서 얼마나 잘 활동하는지, 상호작용이 얼마나 활발하게 작동하는지를 평가하는 영역이다. 앞에서 살펴본 B2B 플랫폼의 경우에는 기업활동에 초점을 맞추다 보니, 아무래도 돈을 벌기 위한 상호작용을 중심으로 평가지표를 평가하였다. 하지만 B2C의 경우에는 플레이어의 활동성에 좀 더 많은 성과지표를 부과해야 한다. 그 이유는 B2C 플랫폼은 일정 수준의 규모로 플랫폼이 성장하지 않은 상태에서는 최소한의 수익도 기대할 수가 없기 때문이다. 대규모의 투자를 7~8년 정도 지속적으로 진행해야 시장점유율과 사용자를 확보할 수 있고, 이 시기부터 재무적으로 건전성을 확보할 수 있다. 이러한 상태가 되어야만 말그대로 가만히 두어도 스스로 알아서 잘 돌아간다고 할 수 있다. 따라서 핵심 성과지표의 기본 방향성은 사용

자들이 플랫폼 안에서 얼마나 잘 활동하는지, 얼마나 플랫폼에 의존적인지를 확인해야 한다. 단순히 사용자 수가 늘어나는 것을 측정하는 것이 아니라, 플랫폼을 다시 방문하고 플랫폼 안에서 얼마나 오래도록 머무르는지를 측정하고 분석해야 한다. 이러한 것을 '사용자 참여User Engagement'라고 하며, 이를 측정하기 위한 일반적인 방법으로는 일 순방문자 수DAU : Daily Active User, 주 순방문자 수WAU : Weekly Active User 그리고 월 순방문자 수MAU : Monthly Active User가 있다. 참고로 여기서 말한 사용자User는 하나의 디바이스Device를 한 명의 사용자로 간주한다. 따라서 여러 명이 동일한 하나의 디바이스를 사용했다면, 그것은 한 명의 사용자로 계산하게 된다.

일 순방문자 수, 주 순방문자 수 그리고 월 순방문자 수가 어떠한 것이고, 이를 어떻게 활용하는지 살펴보자.

(a) 일 순방문자 수 - DAU : Daily Active User

하루 동안 플랫폼에 참여한 사용자의 수를 의미한다. 주로 플랫폼 서비스를 시작한 초기단계에서 중요한 판단기준으로 활용되곤 한다. 왜냐하면 플랫폼 초기에는 아무래도 얼마나 많은 사람들에게 알려졌는지가 중요하기 때문에, 매일매일 얼마만큼의 사용자가 참여했는지 그 추이를 분석할 때 사용하게 된다. 이것을 좀 더 정확히 표현하자면, 플랫폼을 방문한 사람들의 '행동'에 초점을 맞추기보다는, 방문한 '사람'에 초점을 맞춘 분석방법이다.

(b) 주 순방문자 수 - WAU : Weekly Active User

일주일 동안 플랫폼을 방문한 사용자 수를 의미한다. 일 순방문자 수[DAU] 와 비교하여 방문한 사용자를 분석한다.

(c) 월 순방문자 수 - MAU : Monthly Active User

한 달 동안 플랫폼을 방문한 사용자 수를 의미한다. 만약에 일 순방문자 수[DAU]가 200명이고, 월 방문자 수[MAU]가 1,500명이라고 가정해보자. 이러한 경우 월 방문자 수는 일 방문자 수를 단지 7일 동안 합한 수치와 거의 비슷한 수준이다. 결국 이것이 의미하는 것은 매일매일 새로운 사용자가 들어왔다기보다는, 기존 사용자가 지속적으로 플랫폼에 들어왔다는 것을 의미한다고 볼 수 있다. 반대로 일 순방문자 수[DAU]가 200명이고, 월 방문자 수[MAU]가 5,000명이라고 가정한다면, 한 달 동안 매일매일 새로운 사용자들이 지속적으로 들어왔다는 것을 의미할 수 있다. 즉, 기존 사용자의 재방문율이 매우 낮은 상태를 의미하게 된다.

일 순방문자 수[DAU]와 주 순방문자 수[WAU] 그리고 월 방문자 수[MAU]를 비교하면서 사용자 추이를 분석할 수 있다.

사실, 플랫폼의 활성화 정도를 판단할 때 단순히 일 순방문자 수[DAU]와 주 순방문자 수[WAU] 그리고 월 방문자 수[MAU]의 수치를 가지고 판단하지는 않으며, 일 순방문자 수[DAU]와 월 방문자 수[MAU]의 비율을 계산하여 판단을 한다. 이것을 고착도Stickiness라고 하며, 수식은 일 순방문자 수DAU를 월 방문자 수MAU로 나눈 값(DAU/MAU)으로 백분율로 표현한다. 이 숫자가 의미하는 것은 우리 플랫폼의 활성도 그리고 매력도로, 플레이어가 플랫폼에서 활동하는 것에 얼마나 가치를 느끼고 있는지를 나타낸다. 일반적으로, 고착도가 20% 이상이면 사용자들이 재방문하여 활동할 정도로 인기가 있는 상태라고 할 수 있다. 예를 들어, 일 순방문자 수DAU가 2,000명이고 월 방문자 수MAU가 7,000명이라고 한다면, 고착도는 28%가 된다. 이는 플레이어들에게 어느 정도 관심을 끌고 있는 상태라고 볼 수 있는 것이다. 참고로 페이스북과 같이 유명한 플랫폼의 경우에는 50% 정도를 나타낸다고 한다.

다만 중요한 것은 현재의 고착도만을 분석하는 것이 아니라, 시간의 흐름Time Series에 따른 추이를 분석하고, 지속적으로 우상향이 되도록 마케팅과 프로모션을 진행해야 한다. 또한 추가적으로 유념해야 할 것은, 순 사용자Active User 수를 분석한다는 것은 말그대로 단지 사용자의 수를 분석하는 것이지, 플랫폼의 기능을 얼마나 적극적으로 활용을 했는지, 또는 실제 구매(소셜 미디어형 플랫폼의 경우에는 컨텐츠 등록)로 얼마나 이어졌는지를 확인할 수 있는 개념은 아니라는 것이다. 따라서, 순사용자의 수를 측정하는 것 외에도, 플랫폼 안에서 얼마나 활동했는지를 추가로 측정해야 보다 정확한 판단이 가능하다.

⑧ 핵심 규칙 : Key Regulation(Activity)

핵심 규칙은 플랫폼을 운영하는 데 있어서 필요한 활동 기준을 정의하는 것으로 플랫폼 유형별로 상이한 기준이 존재한다.

먼저, 마켓형 플랫폼의 경우에는 판매자와 구매자 간 상품거래를 목적으로 함으로, 생산활동에서는 판매자 등록 기준, 상품등록 방법 그리고 반품/교환의 기준과 프로세스 등에 대해 기준을 수립해야 한다. 소비활동에서는 구매자의 상품평 관리방법, 문의사항에 대한 관리방법, 배송방식 그리고 이른바 진상 고객을 어떻게 관리하고 처리하는지 등에 대한 기준도 필요하다.

소셜 미디어형 플랫폼은 개인 간 정보교환을 목적으로 하므로, 생산활동에서는 대상 컨텐츠를 정의하고 해당 컨텐츠를 업로드하는 방식, 텍스트 글자수 제한여부, 생산주기 등에 대해 고민을 해야 한다. 반면에 소비활동에서는 등록된 컨텐츠를 어떻게 상호작용을 일으킬 것인지 기준을 수립하는 것이 매우 중요하다. 단순히 댓글을 달고 피드백을 주는 것 외에도, 다른 메신저Messenger 혹은 앱App.과 연계는 어떤 방식으로 하여 플랫폼의 활동성을 높일 것인가에 대해 기준 또한 마련해야 한다.

공유형 플랫폼의 경우에는 공유자가 자신의 자산을 다른 사람들에게 공유하는 유형에 해당함으로, 가장 중요한 것은 안전과 품질에 대한 신뢰를 어떻게 고객에게 주는가 일 것이다. 따라서 공유자를 관리하는 규칙이 매우 철저해야 하며, 사용자에게는 공유자에 대한 후기 및 피드백을 받아 페널티를 부여하는 규칙을 만들어야 한다. 물론 소비자 또한 진상손님을 관리하는 규칙도 필요하다.

마지막으로 구독형의 경우에는 서비스할 컨텐츠를 제작하여 제공함으로 가장 중요한 것이 컨텐츠를 제작하기 위한 대상자 선정 기준, 제작지원 방법 그리고 서비스 제공 방식일 것이다. 소비활동에서는 컨텐츠를 잘 이용할 수 있도록 검색 등의 매칭기능을 중심으로 고민해야 한다.

규칙이라는 것은 그 기준이 까다로울수록 플랫폼의 건전성이 올라갈 수 있으나 활동성은 떨어지게 된다. 반대로 규칙이 허술할수록 활동성은 올라갈 수 있지만 플랫폼이 의도한 바와 다르게 나쁜 방향으로 흘러갈 가능성이 높다. 적절한 수준에서, 목적에 부합

플랫폼 유형별 핵심규칙 예시

정책	마켓형	소셜 미디어형	공유형	구독형
생산활동	회원 기준, 상품등록, 반품/교환 등	회원 기준, 대상 컨텐츠, 글자 수, 생산 주기 등	공유자 등록, 연결 방법, 품질관리 등	컨텐츠 발굴, 제작지원, 서비스 방식 등
소비활동	상품평 관리, 문의 관리, 배송방식, 페널티 등	댓글방식, 피드백 기준, 공유 방법, 페널티 등	평가관리, 후기관리, 공유 방법, 페널티 등	검색방식, 후기관리 등
수익원	수수료율 등	광고료 등	수수료율, 보조금 등	가입비, 광고료 등

된 기준에 따라 활동성을 최대한 이끌어 낼 수 있는 방향으로 규칙을 정하는 것이 가장 바람직하다.

⑨ 비용구조 : Cost Structure

비용구조에서는 플랫폼을 개발하고 운영하는데 필요한 예산을 어떻게 조달하고 사용할 것인지를 정의하는 영역이다. B2B 플랫폼 비즈니스에서 설명하였던 인건비, 재료비 그리고 경비를 기준으로 자금운용 계획을 수립해야 한다. 기본적으로 "⑥ 핵심자원" 영역에서 정의된 자원을 활용하는 측면에서 어떠한 자금계획을 갖고 해당 자원을 사용하겠다고 계획을 세우는 것이다. 초기 투입되는 시점 그리고 사업을 진행하면서 얼마만큼의 예산이 필요한지 예측해야 한다. 무엇보다 가장 중요한 것은 B2B 기반의 플랫폼 비즈니스와 마찬가지로, 자금을 어디서 어떻게 조달할 것인지를 계획해야 하며, 스타트업 기업이라면 초기 투자비를, 기존 파이프라인 기업이라면 누구로부터 투자비를 조달 받을 것인지 결정해야 한다. 물론 "⑤ 수익원"과 연계하여 고민해야 한다.

Ⅲ.

플랫폼 비즈니스 성공을 위한 고찰

III.

플랫폼 비즈니스 성공을 위한 고찰

우리는 이제까지 플랫폼 비즈니스란 무엇이고, 그러한 플랫폼 비즈니스를 어떻게 만들어야 하는지에 대해 살펴보았다. 특히 알렉스 오스터왈더Alex Osterwalder가 제안했던 '비즈니스 모델 캔버스BMC: Business Model Canvas'를 기반으로, 필자가 현장에서 직접 경험했던 플랫폼 비즈니스의 특성을 반영한 '플랫폼 비즈니스 모델 캔버스PBMC: Platform Business Model Canvas'를 중심으로 설명하였다. 이러한 플랫폼 비즈니스 모델 캔버스PBMC는 두 가지의 비즈니스 유형, 즉 기업 간 거래에 해당하는 'B2B 기반 플랫폼 비즈니스 모델'과 일반 소비자를 대상으로 하는 'B2C 기반 플랫폼 비즈니스 모델'로 구분하여, 각각 어떠한 특징이 있고 또한 어떻게 하면 성공할 수 있는지를 비교하여 설명하였다. 필자가 제시한 이러한 모델 캔버스는 플랫폼을 기반으로 비즈니스 모델을 개발하고자 하는 분들로 하여금 머릿속에 막연하게 존재하는 비즈니스에 대한 아이디어를 보다 구체적이고 명확화하는데 큰 도움이 되리라고 확신한다. 단지 모델 캔버스에서 제시하는 9가지 영역에 대해 그 컨셉을 간단하게 적는 것만으로도 내 스스로가 무엇을 준비해야 하고 또 어느 영역에 대해 보완이 필요한지를 빠른 시간에 정리할 수 있다는 것이 장점이라고 할 수 있다. 물론 개인이 처한 상황과 하고자 하는 플랫폼 비즈니스의 특성상 9가지 모든 요소에 대해 상세하게 정리할 수는 없겠지만, 고민하고 고려해야 할 사항들에 대해 기본적인 가이드를 제공한다는 점에서 충분히 가치가 있는 프레임이라 생각한다.

이번 장에서는 플랫폼 기반의 비즈니스 모델을 개발하는 데 있어서 앞에서 이야기 못한 고민들에 대해서 좀 더 살펴볼 예정이다. 플랫폼 비즈니스는 과연 우리 사업환경에서 대세인지, 그리고 모든 산업에 적용가능한지 등에 대해서 생각해보자 한다.

플랫폼 기반의 비즈니스 모델 개발에 대한 고찰

[1] 비즈니스 모델 캔버스 돌아보기

비즈니스 모델 캔버스는 비즈니스 모델을 개발하는 데 있어서 필요한 핵심요소들에 대해 한눈에 이해할 수 있도록 도식화한 템플릿이라고 할 수 있다. 다만, 각각의 핵심요소가 새로운 비즈니스 모델을 개발하는데 있어서 우리에게 새로운 인사이트를 준다기보다는, 비즈니스 모델을 개발하는 데 필요한 요소에 대해 빈틈없이 준비를 할 수 있도록 생각의 틀을 제공하는 역할을 한다고 볼 수 있다.

필자가 앞에서 제시했던 'B2B 기반의 플랫폼 비즈니스 모델' 그리고 'B2C 기반의 플랫폼 비즈니스 모델' 또한 동일하다. 이러한 모델은 여러 독자분들이 현재 고민하고 있는 플랫폼 비즈니스 모델에 대한 아이디어를 좀 더 탄탄하게 해주는 역할을 하는 것이지, 새로운 비즈니스 모델을 제시해 주는 것은 아니다. 즉, 필자가 제시한 9가지 핵심요소는 개인적인 경험과 인사이트를 바탕으로 필요하다고 생각한 것을 정리한 것이지, 반드시 모든 핵심요소를 완벽하게 정리해야만 하는 대원칙은 아니다. (다만, B2B 플랫폼 비즈니스에서의 '③ 채널링 연계' 및 '④ 플레이어 연계' 그리고 B2C 플랫폼 비즈니스에서의 '③ 네트워킹 연계' 및 '④ 플레이어 관계'는 필수요소이다) 따라서 비즈니스 모델을 개발하는 독자 여러분 입장에서는 본인의 사업 아이템을 보다 잘 설명할 수 있다면, 또는 해당 사업 아이템에서 더 필요하다고 생각되는 핵심요소가 있다면, 9가지 핵심요소 중 대체하거나 혹은 추가하여 비즈니스 모델 캔버스를 작성해도 무방하다. 다만, 한 가지 제안하고 싶은 사항은 비즈니스 모델 캔버스에서 제시하는 기본적인 컨셉만큼은 꼭 유지하는 것을 권장한다.

그럼 비즈니스 모델 캔버스에서 제시하는 기본적인 컨셉은 무엇일까? 앞에서 설명한 것을 다시 정리해보면, 그것은 '조직 효율성 관점' 그리고 '고객 가치 관점'에서 비즈니스의 가치를 만들어 가는 것이 그 핵심이라고 할 수 있다.

비즈니스 모델 캔버스의 기본 컨셉

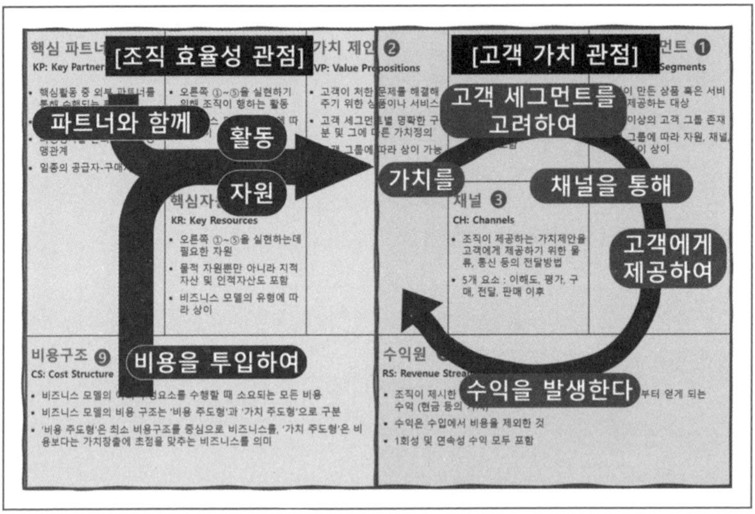

우선 비즈니스 모델 캔버스의 왼쪽에는 '조직 효율성 관점' 그리고 오른쪽에는 '고객 가치 관점'으로 구성된다. '조직 효율성 관점'에서는 고객에게 가치를 제공하는 데 있어서 어떤 파트너와 어떠한 활동을 할 것인지, 그리고 어떤 자원으로 얼마만큼의 비용을 투입할지 고민하는 영역이다. 반대로 오른쪽 '고객 가치 관점'에서는 고객에게 가치를 제공하기 위해, 고객을 세그먼트로 구분하고 어떠한 과정을 거쳐 고객에게 제공할 것인지를 고민하는 영역이다. 이러한 두 가지 큰 개념을 바탕으로 자신의 아이디어, 영업적 환경 그리고 사업추진 타이밍 등을 반영하여 정교화한다면, 보다 유용한 모델 캔버스가 되리라고 생각된다.

꼭 기억해두자. 내 비즈니스 환경은 내가 가장 많이 알고 있지만, 기본적인 비즈니스 모델 컨셉 안에서 고민한다면 보다 훌륭한 결과물을 얻을 수 있다는 것을 말이다.

[2] 플랫폼 비즈니스 모델을 개발하는데 필요한 4가지 기본사고

일단, 플랫폼 기반의 비즈니스 모델 캔버스를 작성한다는 것은, 기본적으로 내가 어떠한 플랫폼 비즈니스를 하고 싶은지 아이디어가 이미 있다는 것을 의미할 것이다. 그렇다면 이러한 아이디어를 내는 것의 기준은 무엇일까? 어떠한 부분을 고려하며 아이디어를 내고 구체화하여 비즈니스 모델을 만들어야 할까? 이와 관련하여 필자는 크게 4가지의 기본생각을 제시하고자 한다.

먼저, 4가지 기본생각 중 첫 번째는, 내가 하고자 하는 플랫폼 비즈니스 분야의 시장 규모가 플랫폼 사업을 뒷받침해 줄 수 있을 정도의 규모인지 파악해야 한다. 다시 말해서 내가 만들고자 하는 플랫폼 비즈니스의 시장규모가 플랫폼을 적용하여 참여자들에게 충분한 가치를 제공해 줄 수 있고, 플랫폼을 운영하는 기업 또한 먹고 살 정도로 규모가 되는 시장인지를 판단해야 한다는 것이다. 플랫폼 비즈니스는 기본적으로 양면시장이 존재하고 생산자 집단과 소비자 집단이 상호작용(거래)을 일으키며 비즈니스가 유지되는 방식이다. 이러한 과정에서 플랫폼에 참여하는 플레이어는 자신들이 원하는 가치를 만들어 냄으로써 그 플랫폼이 유지가 된다. 생산자 집단이라면 돈을 벌어야 하고, 소비자 집단이라면 자신들이 원하는 상품을 손쉽게 구매해야 한다. 따라서 소비자 입장에서는 플랫폼에 충분히 많은 상품이 있어야 참여를 하고, 생산자 입장에서는 충분히 많은 소비자가 있어야 플랫폼에 참여하게 된다. 이것을 다르게 표현하자면, 생산자 집단과 소비자 집단이 모두 일정한 규모가 되지 않는다면 상호작용을 일으킬 확률이 급격하게 떨어지게 된다는 것을 의미한다. 이렇게 된다면, 플랫폼을 운영하는 업체 입장에서는 운영비조차도 거두어들일 수 없게 된다. 대표적인 사례로 앞 장에서 설명했듯이, 쿠팡이 처음 이익이 발생하기까지 8년, 우버는 12년, 아마존은 6년이 걸렸다. 우리가 너무나 잘 알고 있는 이러한 유명한 플랫폼 기업들조차도 오랜 기간동안 어마어마한 투자를 통해 플레이어 간 네트워킹을 만들어 냄으로써 겨우 운영비를 챙길 수 있었다. 플랫폼에 참여한 플레이어 간 충분한 네트워킹을 만들지 못하면, 플랫폼을 운영하는 기업은 이익 자체가 나지 않게 되고, 결국 그 플랫폼은 사라지게 되는 것이다. 상식적으로 생각해보면 된다. 생산자든 소비자든 플랫폼에 참여하는 것보다 기존 환경에서 해당 상품을 거래하는 것이 더 이익이라면 굳이 왜 플랫폼을 이용하겠는가 말이다.

두 번째로, 기술변화에 민감해야 한다. 사실 현재 진행되는 모든 플랫폼들은 디지털 기술Digital Technology을 기반으로 한다. 디지털 기술이란 전산에 대해 조금이라도 공부한 분이라면 쉽게 이해할 수 있는데, 모든 정보를 '0'과 '1'이라는 숫자로 표현하여 처리하는 기술을 통칭한다. 특히 최근에는 인공지능AI: Artificial Intelligence 기술을 활발하게 적용하고 있다. 기존 IT기술은 기본적으로 통계적 수치를 제공하고 사람이 판단하도록 하였지만, 인공지능 기술은 이러한 통계적 수치보다는 예측모델Predictive Model을 제공하여 사람이 문제를 직접 판단하지 않아도 되는 상황을 제공하였다. 예를 들어 유통산업에서 가장 중요한 고민거리가 '판매량 예측'과 '재고관리'라고 할 수 있는데, 판매량을 잘 못 예측하거나 재고관리를 잘 못하게 되면 회사에 엄청난 비용이 발생하게 되고 결국 회사이익에 직결된다. 이러한 업무영역에 대해, 기존에는 경험Heuristic에 기반하여 사람이 판단을 했다면, 지금은 빅데이터Big Data를 기반으로 한 예측모델을 적용하여 엄청난 성과를 거두고 있다. 사람이 판단하는 것보다 디지털 기술이 더 높은 효율성과 정확도를 보장할 수 있는 시대가 된 것이다. 또한 이러한 디지털 기술은 기업의 경쟁자 개념을 바꾸어 놓았다. 살펴본 바와 같이, 백화점, 아울렛과 같은 기존 유통업체의 가장 큰 경쟁사는 이제 쿠팡, 아마존과 같은 IT Information Technology기업이 되었다. 이러한 IT기업들은 오프라인 매장도, 상점에서 물건을 팔 직원도 필요 없다. 계절마다 진행하는 정기세일도 매스컴에 홍보할 필요도 없다. 그저 고객 손안에 있는 휴대폰만 있으면 언제든지 시간과 장소에 상관없이 거래를 발생시킬 수 있다. 이전에는 상상도 할 수 없는 기업들이 강력한 경쟁자로 나타나게 된 것은 바로 디지털 기술 때문이다. 디지털 기술로 중무장하지 않는다면, 이제는 살아남을 수 없는 시대가 된 것이다.

세 번째로 기존의 높은 거래비용Transaction Cost 문제를 해결할 수 있어야 한다. 거래비용이란 실제 거래가 일어나는데 발생되는 모든 비용을 의미한다. 여기서 언급한 비용은 단순히 돈에만 국한된 것은 아니며 사람의 노력 그리고 소요되는 시간도 이에 포함된다. 플랫폼 비즈니스에서는 이러한 거래비용을 줄여야만 살아남을 수 있다. 만약 줄이지 못한다면 사람들은 굳이 플랫폼에 참여할 이유가 없으며, 기존 방식대로 상품을 구매하고 서비스를 이용할 것이다. 예를 들어 이전에는 도서를 구매하는데 서점에 방문하여 책을 선택하고 결제한 후 집에 돌아오는 프로세스인데, 이러한 과정에서 많은 거래비용이 발생하였다. 하지만 요즘은 도서구매 앱App.을 이용하여 시간을 절약할 수 있다. 또한 회사일로 늘 바쁜 워킹맘Workin' Mom은 내일 소풍을 가는 자녀를 위해 김밥 식자재를 마트에서 직접 구매하지 않는다. 핸드폰을 켜고 필요한 재료를 장바구니에 넣고 당일배송을 통해 할인된 가격으로 그리고 시간을 절약하면서 장을 본다. 이러한 과정 모두가 거래비용을 절감시킴으로써 플랫폼의 가치를 만들어내는 것이다. 따라서 플랫폼을 기반으로 하는 비즈니스 모델을 개발하고자 한다면, 생산자 집단과 소비자 집단의 거래비용 요소를 하나하나 나열하고, 해당 부분에서 어떻게 거래비용을 절감할 수 있을지를 고민해야 한다. 이것이 곧 참여자들로 하여금 플랫폼에 참여할 가치를 만들어주는 것이다.

네 번째로 필요한 것은 네트워킹이 없거나 혹은 모호한 비즈니스가 있는지를 찾아야 한다. 플랫폼 비즈니스의 기본 중에 기본은 누누이 설명했듯이 바로 네트워킹이다. 이 네트워크를 잘 만들면 성공하는 것이고, 만들지 못하면 실패하는 것이다. 하지만 네트워크를 만든다는 것은 사람들의 행동 패턴 자체를 바꾸는 것이기 때문에, 기존에 존재하지 않던 네트워크를 새롭게 만든다는 것은 매우 어려운 일이다. 따라서 새로운 네트워크를 만드는 가장 현실적인 방법은 아마도 기존에 존재하는 개인적인 인간관계를 바탕으로 소규모로 네트워크를 만든 후, 이를 확장하는 방식일 것이다. 페이스북이 대표적인 사례인데, 페이스북은 잘 알려져 있다시피 처음 하버드에서의 개인적 친분관계를 바탕으로 회원가입을 받은 후 예일대학과 콜롬비아 그리고 스탠포드까지 확장하면서 네트워크를 확대하였다. 페이스북 입장에서 보면 사업을 확장하는 데 있어서 매우 안정적으로 진행했다고 볼 수 있다. 사업 초기부터 플랫폼에 대해 사용자들의 검증을 거쳤고, 기능에 불만이 있다면 해당 기능을 개선하면서 확장함으로써 더 빠른 확산을 할 수 있었다고 본다. 그럼, 네트워킹이 부족하고 모호한 비즈니스 영역에는 어떤 분야가 있을까? 대표적인 예로 의료분야를 들 수 있다. 의료영역은 현재 국내에서는 법률적 문제로 제한적인 부분이 많지만, 플랫폼을 접목한다면 매우 큰 시장이 될 것으로 보고 있다. 최근에는 코로나로 인해 원격진료가 부분적이나마 허용되고 있고, 이로 인해 의료분야의 플랫폼 적용에 인식이 올라가고 있는 것도 사실이다. 플랫폼의 적용으로 의료분야가 하나의 서비스가 되면서, 환자는 보다 다양한 여러 경로를 통해 진료를 받을 수 있고, 의료인은 개인 시간을 조절하며 진료를 볼 수도 있을 것이다. 대학병원에서 담당 의사를 단지 2~3분 진료받기 위해 1~2시간씩 기다리는 것도 없어질지도 모른다. 또한 개인 주치의 개념의 건강관리 서비스를 통해서 노인의 건강관리, 나아가 실버산업과 연계한다면 또다른 새로운 플랫폼 사업으로도 확장이 가능할 것이다. 그 이유는 의료산업은 현재 환자와 의사간 개인적 관계만 형성되어 있을 뿐, 네트워킹을 통한 비즈니스가 만들어져 있지 않기 때문이다. 이렇듯 네트워크가 아직 형성되지 않은 모호한 영역을 찾아낼 때 플랫폼 기반의 비즈니스 모델이 성공할 가능성이 높다.

[3] 지속 가능한 플랫폼 비즈니스의 성공기준은 무엇일까?

비즈니스가 성공하기 위해 필요한 요소와 관련하여, 어떤 것들이 있는지에 대해 전문가들마다 각자의 경험을 바탕으로 설명을 한다. 그럼, 플랫폼 비즈니스가 성공하기 위해 필요한 요소는 무엇이 있을까? 아마도 '사업 아이템', '자금조달 방법' 그리고 '타이밍' 등 다양한 요소를 이야기할 것이다. 만약, 플랫폼 비즈니스의 특성을 좀 더 이해하는 전문가라면, '네트워크 효과'가 가장 중요한 핵심요소라고 제시할 수도 있다. 물론 이러한 모든 의견들이 틀린 말은 아니다.

하지만, 필자는 플랫폼 비즈니스가 성공하기 위한 요소 중 무조건 하나만 꼽으라면 주저없이 '가치'라고 말하고 싶다. 이것을 좀 더 쉽게 생각해보자. 다양한 플레이어들이 플랫폼에 참여해야 하는 이유는 아주 간단하다. 그들이 플랫폼에 참여함으로써 말그대로 그들이 원하는 '무엇인가'를 얻을 수 있기 때문이며, 그러한 활동을 통해 보상이라고 할 수 있는 또다른 '무엇인가'를 획득할 수 있기 때문이다. 여기서 언급한 '무엇인가'가 바로 필자가 말하는 '가치'에 해당하는 것이다. 이러한 것을 플랫폼을 만들고 운영하는 기업의 입장에서 생각해 본다면, 그들 또한 플랫폼 비즈니스를 통해서 '무엇인가'를 얻고자 할 텐데, 그럼 그들이 얻고자 하는 것은 무엇일까? 플랫폼을 운영하는 기업이 주의해야 하는 것이 바로 이 부분인데, 그 '가치'를 '돈'이 아닌 '사회적 가치'를 실현하는 것에 중심을 두어야 한다는 것이다. 이러한 '사회적 가치'에 대해 이해한 후 사업 모델을 개발하고 운영해야 플랫폼 비즈니스가 성공할 수 있다. '사업 아이템', '자금조달' 그리고 '네트워크 효과' 등은 '가치'를 이해한 후 고민해도 늦지 않은 것이다.

참고로, 일부 독자들은 본 장에서 설명한 '가치'가 앞 장 "B2B 플랫폼 비즈니스의 핵심"에서 가장 중요한 것이 '생태계'라고 설명한 것과 배치되는 것이 아니냐고 의문을 가질 수 있을 것 같다. 한 번 더 설명하자면, '생태계'는 플랫폼의 활성화 측면에서의 핵심이라는 의미이고, 여기서 말한 '가치'는 플랫폼 비즈니스 그 자체가 성공하기 위한 측면에서의 핵심이라고 이해하면 좋을 것 같다.

그럼, 플랫폼 비즈니스가 성공하기 위해 필요한 '가치'에 대한 이해와 함께, 사회적 가치실현을 위해서 어떠한 것이 필요한지에 대해 고민해보고자 한다.

(a) 플랫폼의 가치는 누구에게 가고 있는가?

플랫폼은 플레이어의 활동을 통해 상호작용이 발생하고, 이를 통해 플랫폼이 운영된다고 이미 언급하였다. 이것을 달리 표현하자면, 플랫폼의 주인은 플랫폼을 운영하는 기업이 아니라, 플랫폼에서 활동하는 플레이어가 플랫폼의 주인이라는 것을 의미한다고 볼 수 있다. 플랫폼을 운영하는 사업자는 플랫폼의 주인인 플레이어가 플랫폼 안에서 활동을 잘할 수 있도록 환경을 제공해 주고, 추가적인 플레이어를 참여시켜 더 많은 상호작용이 일어날 수 있도록 마케팅을 진행해야 한다. 이러한 과정에서 플랫폼이 단지 '시장에서 중개자의 역할'이 아닌, '새로운 시장의 성장동력'으로 사업이 확대되게 된다. 단적인 예로, 배달의민족은 사업 초기 음식을 주문한다는 단순한 '중개'의 역할이었지만, 코로나로 인한 사회문화의 변화와 맞물려 폭발적인 성장을 이루었다. 이것은 결국 음식배달이라는 새로운 시장을 성장시키는 역할을 한 것이다. 그런데 문제는 이러한 큰 성공을 거둔 이후부터 발생하기 시작한다. 플랫폼 운영사업자는 시장점유율이 올라가고 사용자가 확대된 이후 갑자기 돌변한다. 플랫폼의 주인인 플레이어의 이익보다는, 그들 스스로의 이익에 더 높은 가치를 매기고 더 많은 이익을 내기 위해 갑의 위치에서 플레이어에게 압박을 가한다. 물론 플랫폼의 운영 사업자 또한 기업이다 보니 이익을 추구하는 것은 너무나 당연하다. 하지만, 시장의 지배사업자가 되면서 이익의 과도한 추구를 위해 갑질문제를 일으키는 것이 정말 플랫폼을 위한 것인지, 아니면 플랫폼에서 가치를 만들어내는 플레이어를 위한 것인지 고민을 할 필요가 있다.

플랫폼의 건전한 운영과 새로운 성장을 위해 플레이어를 단지

'이익의 대상'이 아닌 '상생의 파트너'로 인식을 해야 하고, 플랫폼에서 발생하는 가치가 플랫폼의 운영자가 아닌, 플레이어에게 돌아갈 수 있도록 해야 한다. 플랫폼의 지속 가능한 경영을 위한다면 반드시 이러한 것을 인식해야 한다.

(b) 당신의 플랫폼은 얼마나 심플한 컨셉을 갖고 있는가?

사업 초반 플랫폼이 성공적으로 안착하기 위해서 어떠한 요소가 필요할까? 물론 모델 캔버스에서 언급한 9가지 영역에 대한 고민은 당연하겠지만, 플랫폼을 이용하는 플레이어 입장에서 생각해보면, 중요한 한 가지 원칙이 있다. 너무 뻔한 말로 들릴 수 있겠지만, 말 그대로 사용하기 편해야 한다. 그렇다면, 사용하기 편하려면 어떻게 해야 할까? 그것은 플랫폼을 사용하고 참여하는 데 있어서 플랫폼의 개념이 심플해야 한다. 누군가가 플랫폼에 대해 설명하지 않아도, 어떠한 컨셉의 플랫폼이라고 구구절절 설명을 하지 않아도, 직관적으로 쉽게 이해할 수 있어야 한다.

필자는 B2B 기반의 플랫폼 비즈니스 사업을 진행하면서 전국의 수많은 고객 그리고 채널사들과 협의를 진행하면서 알게 된 것이 있는데, 고객에게 호응이 좋고 많이 팔리는 제품은 '성능이 뛰어난 제품'이 아니라, '이해하기 쉽고 사용하기 쉬운 제품'이라는 것이다. 말그대로 제품에 대한 컨셉 자체가 심플하다는 것이다. 플랫폼 또한 동일하다. 보다 많은 플레이어가 참여하기를 원한다면,

플랫폼을 설계할 때 많고 다양한 가치를 제공해주기 위해 여러 가지 기능을 고민하지 말아야 한다. 플레이어를 위한 많은 기능들은 오히려 그들로 하여금 플랫폼을 사용하기에 어렵다고 느끼게 할 수 있다.

'다중적인 네트워크 설계', '다양한 기능', '복수의 핵심거래' 그리고 '멀티 가치제공' 등은 플랫폼이 안착된 이후에 고민해도 늦지 않다. 즉, 이러한 다양함은 플레이어가 플랫폼에 적응이 되고 어느 정도 상호작용이 발생했을 때 적용해야 실패하지 않는다.

(c) 플랫폼 노동자에 대한 사회적 책임은 다하고 있는가?

디지털 기술이 발달함에 따라 노동시장의 형태 또한 급변하고 있다. 이전의 노동자들은 4대보험 등의 사회적 안전망에서 근로기준법의 보호를 받아왔다. 하지만, 지금은 플랫폼이라는 매개체를 활용한 노동자들이 급증하고 있다. 대표적인 사례가 라이더인데, 코로나로 인해 폭발적으로 성장을 하였고, 현재 약 50만명이 종사하고 있다고 알려져 있다. 이들은 소비자로부터 직접 수수료를 받기 때문에 현행법상 근로기준법의 적용을 받는 근로자가 아닌, '특수형태근로자'로 구분된다. 이것이 의미하는 것은, 플랫폼 기업에 종속된 노동자임에도 불구하고, 노동3법, 근로기준법, 사회보장법 등의 법률적 보호를 받지 못하는 법률상 개인사업자인 것이다.

한국고용정보원: 광의의 플랫폼 종사자 현황

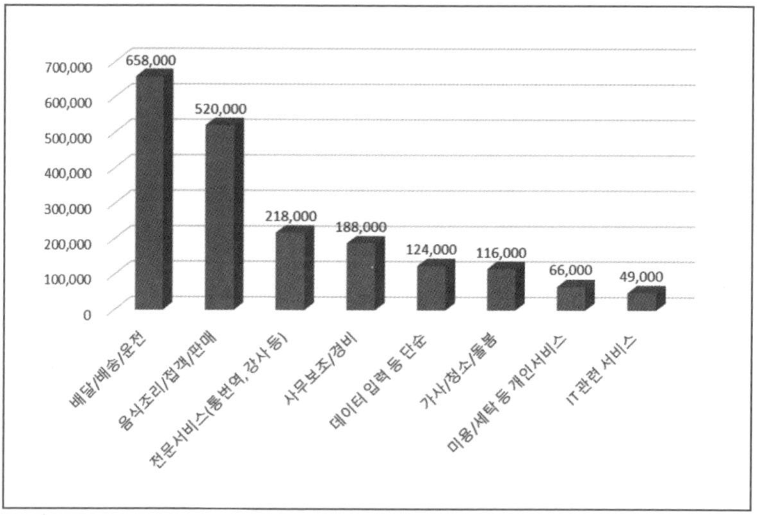

이러한 플랫폼 노동자의 본질적인 문제의 출발점은 기존 파이프라인 기업에서의 전통적인 근로계약 방식을 따르지 않고, 사업자(플랫폼 기업)와 사업자(플랫폼 노동자) 간 근로계약을 맺는 것이며, 이로 인해 '보호받지 못하는 노동자'가 발생하는 것이다. 이러한 원인은 플랫폼을 운영하는 '디지털 기술'에 있다기보다는, 노동시장의 시대적 트렌드를 '법 · 제도' 측면에서 따라가지 못하고 있기 때문이다. 이러한 문제는 다분히 국내에만 국한된 문제는 아니다. 영국의 옥스퍼드대학 노동법학자 제레미아스 아담스 프라슬Jeremias Adams-Pras은 이러한 현상을 "혁신의 역설the innovation paradox"이라고 표현하며, 플랫폼 경제를 뒷받침하는 기술이 혁신적일 수 있겠지만, 노동자에게는 오히려 퇴행적 노동환경을 제공하고 있다고 지적하였다. 이렇게 지적한 근거로, 그는 19세기 외주 노동환경과 현재의 플랫폼 노동환경이 유사하기 때문이라고 주장하고 있다. 당시의 노동환경은 일거리를 잘게 쪼개어 노동자 간 경쟁을 유발하며 일거리를 배분하는 방식이었는데, 이러한 노동환경에서는 일거리의 중개자가 핵심적인 역할을 수행할 수밖에 없기 때문에 자연히 노동자의 권리가 떨어지게 되었다. 현재의 플랫폼 노동환경이 바로 디지털 기술의 역설로 19세기 노동환경과 유사하게 재현되고 있다는 것이다.

따라서, 이러한 문제들로 인해 플랫폼 노동자를 현재의 법률적 기준으로 바라보면 안된다. 예를 들어보자. 노동자가 근무중 사고로 인해 상해를 입었을 때 도움을 받을 수 있는 산재보험은 특정 업체로부터 의뢰받은 업무를 처리한다는 '전속성'이 있어야 한다. 쉽게 말해서 특정한 하나의 회사에 소속되어 일을 처리해야 한다. 하지만, 플랫폼 노동자의 경우 단지 하나의 플랫폼에만 참여해서는 일정 규모의 수익을 올리기 어렵다 보니 여러 플랫폼에 참여를 하게 되고, 결국 근무 중 사고를 당했을 때 이 '전속성'을 증명하고 산재를 인정받기가 어려운 것이다. 다행인 것은 2022년 5월 이러한 '전속성' 기준이 변경되었는데, 두 군데 이상의 사업장에서 일하는 노동자의 경우, 한 사업장에서 월 소득 115만원 이상의 수익이 발생하거나 또는 93시간 이상 근무하는 경우로 변경되었으며, 이를 바탕으로 산재보험을 적용할 수 있도록 하는 법률이 국회를 통과하였다. 이러한 예시처럼 새로운 산업의 출현과 함께 노동자를 보호하고, 소외되거나 차별 대우를 받지 않도록 새로운 개념의 사회적 그리고 법률적 제도가 필요하다.

무엇보다 가장 중요한 것은 플랫폼을 운영하는 기업이 이러한 노동자를 플랫폼에 참여하는 핵심 플레이어라고 인식을 해야 하고, 그들에게 충분한 이익의 보장과 함께 고용의 안정성과 사회적 안정장치를 만들어야 한다. 그렇게 해야 영구히 존속 발전할 수 있는 플랫폼이 될 수 있다.

[4] B2B 기반의 플랫폼 비즈니스는 성공 가능할까?

결론부터 말해서 가능하다. 다만, 전제조건 세 가지가 있다. 이러한 전제조건을 언급하기 전에 B2B 기반의 플랫폼 비즈니스에 대해 다시 한번 생각해보자.

사실 B2B 기반의 플랫폼 비즈니스는 최근 들어 언급된 비즈니스 모델은 아니며, 1990년도 후반부터 본격적으로 주목받기 시작했다. 해링턴A. Harrington의 B2B 슈퍼마켓The B2B Super Markets (Management Consultancy, May 2001)에 따르면, 1995년 이후 약 6년간 B2B 기반의 플랫폼은 무려 1,500개에 이르렀고, 많은 전문가들이 이러한 기업이 천문학적 매출을 일으키는 기업으로 성장할 것이라고 예측하였다. 실제로 글로벌 컨설팅기업인 가트너그룹Gartner Group은 B2B 플랫폼을 기반으로 한 총거래액이 2004년에는 7조 3천억 달러에 이를 것이라고 예상하였다. 이러한 보고서를 바탕으로 많은 투자자들은 실제로 엄청난 투자를 진행하였다. 하지만, 불과 몇 년 되지 않은 시점인 2001년에 대부분의 플랫폼들이 소리소문도 없이 사라졌다. 이러한 가장 큰 이유는 분명 시장에는 제품을 구매하고자 하는 수요는 있었지만, 공급측면에서 문제가 있었기 때문이다. 기존 시장에서는 소수의 기업이 그들만의 유통망을 가지고 시장을 장악하고 있었다. 이러한 기업들이 B2B 플랫폼에 참여하게 되면 가격이 저절로 공개가 될 것이고, 이로 인해 고객이 가격을 비교하게 되면서, 결국 그들에게 오히려 문제가 될 여지가 많을 것으로 생각하였다. 따라서 기존 영업환경에서 이미 좋은 결과를 갖고 있었던 기업입장에서는 굳이 플랫폼에 참여하여 문제를 스스로 일으킬 이유가 없는 것이다. 이러한 대표적인 사례로 2000년 후반에 오픈한 델 마켓플레이스Dell Marketplace인데, 이 마켓플레이스에서는 사무용품과 델컴퓨터 그리고 관련 하드웨어를 판매하고자 하였다. 취지는 좋았지만, 이 마켓플레이스에는 단지 세 개의 공급업체만 플랫폼에 참여하였고, 플랫폼을 오픈한지 1년도 안 되는 2001년 2월 문을 닫았다. 기존에 잘나가는 업체들이 플랫폼 참여를 얼마나 꺼려 했는지를 알 수 있는 사례라고 할 수 있다.

그럼 이번 챕터에서의 주제인 "B2B 기반의 플랫폼 비즈니스는 성공 가능할까?"에 대해서 고민해보자. 필자는 B2B 기반의 플랫폼 비즈니스가 성공하기 위해서는 반드시 다음 세 가지 전제조건이 충족되어야 한다고 강조하고 싶다.

우선 가장 먼저 고민해야 하는 전제조건은, 플랫폼 비즈니스의 목표가 플랫폼을 구축하고 오픈하는 것 그 자체가 아니라 활성화이기 때문에, 플랫폼 비즈니스 모델 캔버스PBMC를 기준으로 봤을 때 플레이어를 모집하고 관리하는 '③네트워킹 연계', 그리고 그 플레이어들이 서로가 상호작용을 일으킬 수 있도록 바터의 조건을 정립하고 적용하는 '④플레이어 관계'에 대한 고민이 필요하다. 이러한 두 가지에 대한 정립과 구체적인 방안이 없다면, 어떠한 플랫폼 비즈니스도 성공할 수 없다. 두 번째로 필요한 전제조건은 바로 플랫폼 사업을 추진할 수 있는 '비즈니스 마인드Business Mind'가 필요하다. B2B사업을 추진했던 사람은 B2B 분야에 전문가일 것이고, B2C 사업을 추진했던 사람은 B2C 분야에 전문가일 것이다. 그렇다 보니 B2B 전문가는 플랫폼 비즈니스를 B2B 관점에서만 바라보게 된다. 그런데 문제는 플랫폼 비즈니스는 사실 B2C에 가깝다는 것이다. 따라서 B2B 전문가들이 플랫폼 비즈니스를 진행할 때 많은 어려움을 겪게 되는 것이다. 델 마켓플레이스도 동일한 경우라 생각한다. 글로벌 대기업인 그들은 시장에서 입김만 조금 내더라도 상대적으로 쉽게 큰 매출을 일으킬 수 있었기 때문에,

마켓플레이스를 오픈한다면 빠르게 시장을 점유하고 안착할 것이라 생각했을 것이다. 하지만, 그들의 생각은 1년도 되지 않아 완벽하게 틀렸다. 의사결정자의 머릿속에는 '생산성 향상'과 '비용절감'이 굳게 자리잡고 있기 때문에, 플랫폼 비즈니스에서 가장 중요한 '네트워크'와 '상호작용'에 대한 필요성을 못 느끼는 것이다. 따라서, B2B 환경에서 플랫폼 비즈니스가 성공하려면, B2C 비즈니스에 대한 이해와 경험이 있는 의사결정자가 반드시 존재해야 한다. 세 번째로 필요한 전제조건은 바로 '견뎌내는 힘'이다. 플랫폼 비즈니스의 성장은 기존 파이프라인 비즈니스처럼 공장에서 물건을 찍어내듯이 사업이 진행되지 않는다. 어느정도 성장하기까지 시간이 꽤 소요되고 투자도 지속적으로 필요하다. 그 시점까지 끊임없이 그리고 지속적으로 드는 생각이 "정말 이 사업이 되긴 되는 건가?"라는 의문을 갖게 된다. 그만큼 지루하다는 의미이다. 이러한 지루함을 견뎌내야 하는 스스로의 의지가 필요하다. 개인적인 의지뿐만 아니라 자금적으로도 견뎌내는 힘 또한 필요하다. 이러한 지루함과 막연함을 이겨낼 자신이 없다면 플랫폼 비즈니스는 시작 자체를 해서는 안된다. 플랫폼 비즈니스에서는 '대충' 성공이란 존재하지 않으며, 말그대로 쪽박 아니면 대박만 존재한다.

이러한 세 가지 전제조건(활동성 확보, 비즈니스 마인드, 견뎌내는 힘)을 만족해야만 B2B 기반의 플랫폼 비즈니스가 성공할 수 있으며, 이러한 준비가 되지 않았다면 플랫폼 사업을 시작하지 않는 것이 옳다.

[5] 플랫폼 비즈니스는 정말 대세인가?

플랫폼 비즈니스 모델을 어떻게 개발할 것인가에 대한 도서를 집필하면서, 과연 플랫폼 비즈니스가 대세인가에 대해 글을 쓴다는 것이 참 아이러니하다. 만약, 플랫폼 비즈니스가 대세가 아니라고 글을 쓴다면 본 도서는 필요 없는 책이 되는 것이고, 대세이니 반드시 플랫폼 비즈니스로 전환해야 한다고 이야기한다면 그것은 완벽한 거짓말이라고 할 수 있기 때문이다.

플랫폼 비즈니스는 분명 대세인 것은 맞다. 글로벌 컨설팅사들이 플랫폼 비즈니스를 하는 기업을 상대적으로 높게 평가를 하고 있고, 시장의 투자금 또한 플랫폼 기업에 몰리고 있다. 시가총액 또한 기존 기업에 비해 높게 평가받고 있다. 이러한 이유는 현재의 매출액과 영업이익을 평가했다기보다는 미래의 가치를 더 높게 평가했기 때문이다. 기존과 다른 새로운 비즈니스 모델이라는 점, 그리고 현재는 다소 부족함이 있더라도 미래에는 폭발적인 성장을 이룰 것이라고 판단하는 것이다. 어떻게 보면 시장의 자금이 플랫폼 기업에 몰리는 이유는, '투자'보다는 '투기'에 가까운 자금이 기업공개IPO: Initial Public Offering만을 바라보며 뛰어들었을 수도 있다. 그 이유가 무엇이든 간에 어쨌든 현재로서는 비즈니스에서 대세는 맞으며, 이러한 분위기는 한동안 지속될 것으로 예상되고 있다. 디지털 기술Digital Technology로 무장한 새로운 개념의 비즈니스 모델이 시장에 나오기 전까지 말이다.

그럼 이러한 시장환경에서, 기존에 탄탄한 사업구조를 갖은 기업들도 플랫폼 비즈니스를 반드시 해야만 하는 걸까? 오랫동안 특정 산업Industry에서 품질 좋은 상품을 개발하여 시장에서 높은 인지도와 고객의 신뢰를 받고 있는 기업이 사업다각화 차원에서 반드시 플랫폼 비즈니스로 진출해야 하는가 말이다. 필자 개인적으로는 "반드시"는 아니라고 말하고 싶다. 플랫폼 비즈니스는 단지 하나의 사업모델일 뿐 정답이 되는 비즈니스 모델은 아니다. 정확히 표현하자면, 모든 기업이 반드시 해야만 하는 비즈니스 모델은 아니라는 것이다. 사실 플랫폼 비즈니스 모델은 기업평가에 있어서 과장된 영역이 분명 존재한다고 생각한다. 예를 들어, 우리가 잘 알고 있는 야놀자의 경우를 보자. 야놀자는 모텔을 연계해주는 사업으로 시작하여 호텔, 펜션, 플빌라 등을 중개해주는 영역으로 확대한 숙박업소 연계의 비즈니스 모델을 보유하고 있다. 2022년 기준으로 야놀자의 매출액은 약 6천억원으로 당기순이익은 약 50억원에 이르지만, 매 분기 이익이 발생하진 않아 3분기에는 영업손실이 50억원에 이르는 기업이다. 시가총액은 2022년 경기침체로 인해 1년전과 비교하여 50.7% 하락한 4조3천억원대이다. 경기침체 전에는 시장에서 10조원 정도의 기업으로 평가를 받았다는 의미이다. 그럼 우리가 알고 있는 기존 파이프라인 기업을 살펴보자. 철강기업 중 국내 2위를 보이고 있는 현대제철은 매출이 22조

8천억원을 보이고 있으며 영업이익은 2조원에 이른다. 하지만 시가총액은 야놀자보다 다소 낮은 4.2조원이다. 또 다른 예로 편의점 사업에서 오랜 기간동안 업계 부동의 1위를 지키고 있는 GS리테일은 매출이 약 12조원이고 영업이익은 1천억원 규모이다. 그런데 시가총액은 2.9조원이다. 시가총액은 그 기업의 가치를 의미하는데, 그렇다면 현대제철과 GS리테일이 야놀자보다 낮은 수준의 기업일까? 현대제철은 1953년에, GS리테일은 1971년에 창립하였고, 야놀자는 2007년에 사업을 시작하였다. 현대제철과 GS리테일은 꾸준히 영업이익을 내고 있는 반면에 야놀자는 지속적인 영업이익이 발생하고 있지 않으며 말그대로 들쭉날쭉하다. 이러한 상황에서 야놀자가 정말 현대제철과 GS리테일보다 높은 가치가 있는 기업인가 말이다. 필자 개인적으로는 '아니요' 라고 말하고 싶다. 야놀자의 시가총액이 높은 이유는 기업의 미래가치가 높아서라기보다는 나스닥Nasdaq 상장에 대한 기대감으로 '투자'보다는 '투기'에 가까운 자금이 몰렸기 때문이라고 생각한다. 그렇다면 이러한 상황에서 현대제철과 GS리테일이 플랫폼 비즈니스 모델을 접목하여 새로운 사업영역으로 확장해야 할까? 그리고 확장한다면 성공은 할 수 있을까? 개인적으로는 이러한 기업은 플랫폼 비즈니스를 적용할 필요는 없다고 본다. 적용한다고 하여도 성공 가능성이 매우 낮다. 그들만의 비즈니스 유형이 확고하고 오랜 기간동안 조직 내부적으로 굳어진 기업문화가 있기 때문에 플랫폼 사업을 접목했을 때 성공확률은 매우 낮다고 본다. 조직과 구성원의 역량 문제가 아니라 조직의 문화가 큰 영향을 미친다는 의미이다.

다시 원래의 주제로 돌아와 "플랫폼 비즈니스는 정말 대세인가?"라는 답을 내보려고 한다. 플랫폼은 비즈니스 모델에 있어서 분명 대세이며 현재까지는 시장에서 높은 평가를 받는 것은 맞다. 충분히 진출할 가치가 있고 가능성도 있다. 하지만, 기존 파이프라인 기업의 조직문화가 뿌리깊은 기업은 성공의 가능성이 상대적으로 매우 낮다. 만약에 반드시 플랫폼으로 사업영역을 확장하고자 한다면, 앞에서 언급한 '③ 네트워킹 연계'와 '④ 플레이어 관계'에 대한 고민을 해야 하고, 그보다 더욱 중요한 것은 플랫폼 비즈니스를 추진할 의사결정자의 변화 없이는 절대로 성공할 수 없다.

에필로그

우리는 지금까지 디지털 플랫폼 그리고 플랫폼을 기반으로 한 비즈니스가 무엇이고, 어떻게 해야 성공할 수 있는지에 대해서 살펴보았다. 이러한 것은 두 권의 책을 통해서 설명하였는데, 1권에서는 "플랫폼 비즈니스의 현재와 미래"에 대한, 그리고 2권에서는 "플랫폼 비즈니스 모델링"에 대한 내용이었다.

우선, 1권인 "플랫폼 비즈니스의 현재와 미래"에서는 여러 비즈니스 유형 중에서 플랫폼을 기반으로 한 비즈니스가 시장에서 어떻게 평가받는지를 살펴보았다. 실제로 전통적인 방식의 비즈니스 대비 월등히 높은 수익율을 보이고 있으며, 20년 전과 비교하여 시가총액에서도 플랫폼 기반의 기업들이 높은 평가를 받는 것 또한 확인하였다. 이것은 단순히 매출액과 이익의 규모만을 보고

결정한다기 보다는, 미래에 얼마나 성장 가능할 것인가도 매우 중요한 평가요소라고 할 수 있다. 이러한 플랫폼 비즈니스와 기존 파이프라인 비즈니스 간의 차이는 양면시장이 존재하는가에서 출발하여, 생산자 집단과 소비자 집단 간 생태계를 어떻게 만들것인가로 결정된다. 즉 넷플릭스와 같은 OTT서비스와 쏘카와 같은 차량서비스가 플랫폼 비즈니스라고 하기에 어려움이 있는 이유가 바로 여기에 있는 것이다. 플랫폼은 기본적으로 네 가지 유형(마켓형 플랫폼, 소셜 미디어형 플랫폼, 공유형 플랫폼, 구독형 플랫폼)이 있으며, 이러한 플랫폼 비즈니스가 성공하기 위해서 필자는 필요한 세 가지를 강조하였다. 먼저 '①플랫폼의 본질적 측면'에서는 네트워크 효과를 위해 플레이어 간 상호작용을 극대화할 수 있는 '가치'에는 무엇이 있는지 정의하였다. 또한 '②플랫폼의 활성화 측면'에서는 매칭 알고리즘의 중요성에 대해서, 마지막으로 '③플랫폼의 개방성 측면'에서는 플랫폼의 공유정책을 통한 네트워크 확장성에 대해 설명하였다. 이러한 모든 활동은 긍정적인 네트워크를 활성화시키는 역할을 하게 된다.

2권인 "플랫폼 비즈니스 모델링"에서는 실제로 플랫폼 비즈니스를 어떻게 설계해야 하는지에 대해 고민하는 내용으로 구성하였다. 단지 개념적이고 사례 중심으로 플랫폼 비즈니스를 설명하는 것이 아닌, 필자의 경험을 바탕으로 어떻게 플랫폼 비즈니스를 만들어야 하는지에 대해 기술하였다. 이러한 것은 알렉스 오스터왈더Alex Osterwalder가 제안했던 '비즈니스 모델 캔버스BMC: Business Model Canvas'를 기반으로, 필자가 현장에서 경험했던 플랫폼 비즈니스의 특성을 반영한 '플랫폼 비즈니스 모델 캔버스PBMC: Platform Business Model Canvas'를 중심으로 하였다. 또한 비즈니스의 유형을 고려하여 B2BBusiness to Business 시장과 B2CBusiness to Consumer 시장에서의 플랫폼 비즈니스 모델 개발방안을 구분하여 설명하였다. 이러한 이유는 무엇보다 고객의 유형이 일반 소비자인지, 아니면 기업인지에 따라 그 접근방식이 다르기 때문이다. 또한 B2B 및 B2C 각각의 유형에 대해 생산자 집단과 소비자 집단 간 어떻게 생태계를 만들어야 하는지에 대해서도 기술하였다.

필자가 이 두 권을 통해 강조하고 싶은 가장 중요한 것은, 플랫폼 비즈니스가 성공하기 위해서 어떤 것을 고민해야 하는가이며, 크게 두 가지를 제안하고 싶다. 첫 번째는 바로 "플랫폼의 가치가 누구에게 가고 있는가?"이다. 플랫폼의 주인은 플랫폼을 운영하는 기업이 아닌, 플랫폼 안에서 활동하는 플레이어라고 할 수 있다. 플랫폼을 운영하는 기업은 '시장에서의 중재자 역할'에 집중해야 한다. 하지만, 시장의 지배사업자가 되면서 플레이어 보다는 자신들의 이익에 집중함으로써 건전한 네트워크를 유지하는데 방해를 하고, 그럼으로써 사회적 이슈를 야기하고 플랫폼에서 활동하는 노동자들에게 희생을 강요하게 된다. 따라서 플랫폼의 건전한 운영과 새로운 성장을 위해서 플레이어를 단순히 '이익의 대상'이 아닌 '상생의 파트너'로 인식하는 것이 반드시 필요하며, 이를 통해 건전한 네트워크를 유지하고 확대하는데 집중해야만 한다. 즉, 플랫폼 기업은 단순한 이윤추구를 넘어, 사회적 책임을 다해야만 영구히 존속 발전할 수 있는 플랫폼이 될 수 있는 것이다.

또 다른 하나는 플랫폼에서의 상호작용 극대화를 위해 플레이어 간 '바터Barter의 조건'을 명확히 정립해야 한다는 것이다. 고객이 일반 소비자이든 기업이든 상관없이 상호작용이 일어나기 위해서는 서로의 조건이 반드시 맞아야 하며, 그래야만 성공적인 생태계를 만들어 낼 수 있다. 필자 또한 이러한 '바터의 조건'을 정립하기 위해 플레이어의 유형을 정의하고 그들이 스스로 플랫폼에 참여할 수 있는 유인책(=바터의 조건)을 수립하였다. 이러한 유인책은 크게 네 가지이며, 앞서 설명한 바와 같이 '①장비 일체형Appliance', '②결합상품 개발', '③서비스 모델', 그리고 '④화이트 라벨링White Labeling'이였다. 상기 전략은 단기적 매출확보 보다는 장기적 상호작용을 위한 것으로 플랫폼 비즈니스가 성공하기 위해서는 반드시 필요한 전략이라고 할 수 있다.

비즈니스 트렌드와 산업구조는 숨 막힐 정도로 빠른 속도로 변화하고 있다. 따라서, 지금 시대의 산업구조에서 살아남으려면 현 시대가 요구하는 비즈니스 구조에 맞게 변해야 한다. 많은 기업들이 기존 사업영역을 넘어서 플랫폼 비즈니스를 고민하고 있는 이유이다. 그렇다고 해서, 기존 사업을 버리고 무조건 새로운 비즈니스를 찾으라는 것은 아니다. 기존에 잘해오던 비즈니스를 더욱 잘하기 위해 디지털 기술을 적극적으로 도입하여 비즈니스에 혁신을 이루자는 의미이다. 현실에 안주한다면, 결국은 시장에서 도태되기 때문이다.

세상에서 변하지 않는 것이 오직 하나가 있는데, 그것은 '세상 모든 것은 반드시 변한다는 것'이다. 그 속에서 우리가 살아남기 위해서는 남들보다 먼저 변해야 한다. 그래야 생존할 수 있는 것이다.

초거대 AI

디지털 플랫폼 레볼루션 2
- 플랫폼 비즈니스 모델링

초판 1쇄 인쇄 2023년 11월 4일
초판 2쇄 발행 2023년 11월 15일

지은이 현영근, 이주연
발행인 전익균

이사 김영진,김기충
기획 권태형,조양제
편집 전민서
디자인 표지 최윤정, 페이지제로
디자인 본문 얼앤똘비악 earl_tolbiac@naver.com
관리 이지현, 정정오
홍보 (주)새빛컴즈
마케팅 팀메이츠

펴낸곳 새빛북스
전화 02)2203-1996, 031)427-4399 **팩스** 050)4328-4393
출판문의 및 원고투고 이메일 svcoms@naver.com
등록번호 제215-92-61832호 **등록일자** 2010. 7. 12

가격 17,000원

ISBN 979-11-91517-60-6 (03320)

* 도서출판 새빛은 새빛에듀넷,새빛북스,에이원북스,북클래스 브랜드를 운영하고 있습니다.
* (주)아미푸드앤미디어는 북카페 아미유를 운영중에 있습니다.
* 파본은 구입처에서 교환해 드리며, 관련 법령에 따라 환불해 드립니다. 다만,제품 훼손 시에는 환불이 불가능 합니다.